U0062311

Human

新民说

一成为更好的人一

年 轮 / 0 0 2

WAVES

叶霞翟 / 著

天地悠悠 　胡宗南夫人回忆录

GUANGXI NORMAL UNIVERSITY PRESS
广西师范大学出版社
·桂林·

原著：天地悠悠　叶霞翟 著

通过 成都同舟人文化传播有限公司（mail:tzcopyright@163.com）

经幼狮文化事业股份有限公司独家授权给

（广西师范大学出版社集团有限公司）限在中国大陆地区发行简体字版本

非经书面同意，不得以任何形式任意重制、转载

著作权合同登记号桂图登字：20-2014-290 号

图书在版编目（CIP）数据

天地悠悠：胡宗南夫人回忆录 / 叶霞翟著 . —桂林：
广西师范大学出版社，2016.5
　ISBN 978-7-5495-7274-8

Ⅰ．①天… Ⅱ．①叶… Ⅲ．①叶霞翟（1913～1981）—
回忆录 Ⅳ．①K825.4

中国版本图书馆 CIP 数据核字（2015）第 238949 号

广西师范大学出版社出版发行

（广西桂林市中华路 22 号　邮政编码：541001）

网址：http://www.bbtpress.com

出版人：何林夏

全国新华书店经销

广西民族印刷包装集团有限公司印刷

（南宁市高新区高新三路 1 号　邮政编码：530007）

开本：845 mm×1 340 mm　1/32

印张：7.125　　插页：12　　字数：150 千字

2016 年 5 月第 1 版　　2016 年 5 月第 1 次印刷

印数：00 001~10 000 册　　定价：36.00 元

如发现印装质量问题，影响阅读，请与印刷厂联系调换。

爱、信任、不畏艰难
/ 胡为真 //

　　这本书所记载的，全部都是真实的故事和感想。虽然随着时间的逝去，故事中的人、事、物离我们日远，但故事的精神，仍然历久弥新；故事所表达的情感，仍然动人心弦。

　　本书的作者：我挚爱的母亲——叶霞翟女士，借着叙述她与夫婿胡宗南将军的爱情故事，从字里行间自然而然地传达了人间极为珍贵的价值，那就是真诚的爱、长久的信任，以及不畏艰难的努力。

　　叶女士本人是散文家，更是教育家，她除了曾执教于大陆上的光华大学和金陵大学外，在台湾曾接受知名人士张其昀先生的邀请，共同创办"中国文化大学"，担任过训导长、副院长、家政研究所所长，作育英才无数；甚至后来在病榻上，仍力疾批改家政研究所学生的硕士论文；二十世纪六七十年代，她并出任台北师专（今台北教育大学）校长达十三年之久，推动台湾的师范教育及启智教育，不遗余力，全心全意为学生付出；她对教育的投入，迄今仍为人乐道与怀念。今承幼狮公司重印叶女士著作中的代表作《天地悠悠》，而且选在教师节前夕出刊，一方面是为了向年轻一代介绍历史的细节，而有社会教育的意义，另一方面则是纪念叶女士本人在台湾教育界的贡献。

本书的辑一是叶女士与胡将军自恋爱至胡将军去世的回忆，辑二是她对胡将军思念的各项文字。为了出新版，幼狮公司的王总经理及刘总编辑都十分地费心，我谨在此向他们致谢。另外，辑二中的短文《梅林花开》，原来刊载于其他出版品中，现在蒙原出版者的同意，列入此一新版，我也表示感谢。

我深信这本书的再版，对于海内外新一代的广大读者，必定是件及时而有益的礼物。

目　录

附录

辑　一

一张照片 /

一切都是从一张照片开始。

那是一九三〇年，我才十六岁。那年夏天，我考取了浙江大学农学院附设的高中——农高。和我一同考取的女同学一共只有三人，小姜、小朱、小江。我和小江是在入学考试时就认识了的。因为投考的女同学很少，我们又恰好在同一试场，注册以后，我们要求编在同一寝室，自然而然地就成为好朋友了。小江是宁波人，父母仍住在家乡，她的大哥是黄埔四期的，那时在杭州保安司令部做大队长，家在杭州清波门。小江每个星期六都回家，有时也约我一同去。她的嫂嫂是典型的贤妻良母，子女众多，会做一手好菜。她对我也像待自己的妹妹一般，所以我很快就拿他们的家当自己的家了。

一个星期天的早晨，我和小江正在房里看小说，忽然听见一个粗重的男人声音在窗外问："你们看什么书?"我抬头一看，窗外正站着一个又高又大的男人，三十光景的年龄，黄黄的长方脸，高鼻子厚嘴唇，两眼大而有神。"看小说!"小江头都没抬地回答了一声，显然这位是他家的熟朋友。我觉得小江这样好像不太礼貌，就对他笑了一下作为招呼，于是他问我看什么小说。我正在看托尔斯泰的《战争与和平》，就把书向他扬了一扬，他问我是不是喜欢看翻译小说，我告诉他什么小说都看。事实上我正热衷于小说，尤其是许多俄国小说如《罪与罚》《安娜·卡列尼娜》等都看了好几遍。于是他告诉我，如果我们喜欢看小说他可以借给我们看，他那里什么都有。原来他是小江大哥的同期同学，那时在杭州《民国日报》任总编辑，一个报馆的总编辑家里，当然有很多书的。小江听他说要借书给我们看，兴趣也来了，放下手里的书，开始和他聊天。

果然，这次以后他每次来江家都给我们带书来，慢慢地我也和他混熟了。他姓胡，我们叫他胡大哥，因为他的皮肤特别黑，我们又给他取了个绰号"老黑"。我们几乎每星期都要看两三部小说，日子久了，他也记不清哪些书是我们看过的，哪些是没有看过的，有一次就提议最好我们自己去他家挑。那个周末，我们从笕桥进城，叫了一辆黄包车直接从车站到他家里。

他有一个并不算大的书房，三面都是书架，只有靠右的一头有一空处，摆着一张大书桌，上面墙上挂着一张照片。我一走进去，还没有开始看书架上的书，就给那张照片吸引住了。那是一个青年军官的照片，只见他身上穿着整齐的布军装，腿上打着绑腿，腰间束着皮带，姿势优美而英挺。那镶着军徽的军帽下是一张极为英俊的脸，浓黑的眉毛，炯炯发光的眼睛，鼻梁高而挺，嘴唇紧闭但线条柔和而带笑意，站在那里整个人是那么生动有神。我对着它呆呆地看着，竟忘记去找书了。站在我后面的主人，看我对那照片看得那么出神，就笑着问我说："你认得他吗？"

"不，不认得。"给他这一问，我猛然觉察到自己的失态，满脸绯红，期期艾艾地竟有点答不上话来了。他倒不介意我的窘态，接下去说："他是大大有名的胡师长，你们这些小姑娘不知道他，前方的军人可没有一个不知道的。"

"报上有他的名字吗？"

"怎么没有，你们看报只知道看副刊，看社会新闻，从不看国家大事，才不知道他呢！"

"你说他是师长，他看起来可很年轻呀！"

"自然年轻，他还只三十岁呢，他的升级不是一步一步升，是跳着升的。"

"你好像对他很清楚似的，他是你的好朋友吗？"

"自然是，不是好朋友他还会送我照片？你知道他是很少拿照片送人的。"他显然很兴奋，也很快慰，大约他对这位胡师长确很佩服，现在看我这小姑娘对他有兴趣，想趁此机会为他宣传一番。我呢，心里也确是对照片中人很是钦羡。我想，他真是了不起的人物，这么年轻就做了师长，听说做师长要带好几千兵，够神气的。记得我们家乡有一位孟明叔，是北伐军的团长，勇敢善战，北伐时屡建奇功。三年前，他带着太太回乡省亲，县长发动了全县士绅、地方团队和两所县小的学生，在北门十里路外列队相迎，说是接革命军。我们女子小学的校长，那位胖胖的张师母，还替孟明婶打着伞，陪着一同经过欢迎行列，她那圆圆的脸上，充分地表露出"我也有荣焉"的笑意。假如这位胡师长也到我们家乡去走一趟，县长不知道要忙成怎么个样儿啦。于是，我又对胡大哥提出许多问题，问他这位胡师长是什么地方人，什么出身。他告诉我，胡师长是浙江人，和我们是大同乡，黄埔军校第一期的高才生，刚一毕业就参加作战，追随蒋总司令东征北伐经过了不少的战役。因为他作战勇敢而又很有智谋，每次作战都得胜利，人家称他"常胜将军"。打到上海时，他已升为第一师第二团团长，他带着一团兵由闵行偷渡黄浦江，占领了莘庄、龙华和上海兵工厂，进而光复上海，把国旗插遍全市。进入上海的那一天，他集合全团官长，随带武装卫士，乘坐敞篷汽车，直入法大马路、爱多亚路、跑马厅、南京路等热闹街道，绕行大上海一周，所经过的地方，人潮汹涌，民众夹道欢呼。本来这些地方都是租界，我们自己的军队是不能进入的，他这一次以"不可一世"的声势，阵容堂堂、威风凛凛地长驱而入，租界巡捕看到这威武的情景也不敢出来阻扰了。这次不但替上海的百万居民出了一口气，更为中华民族争了一口气，从此国民革命军威震中外，全世界的人对我们都另眼看待了。

胡大哥愈说愈起劲，我愈听愈入神，那天回家以后，一直想着那张照片上的人,以及关于他的种种故事,心里想:假如他是我的哥哥多好。记得那次孟明叔回乡后来看父亲,父亲曾拍着他的肩膀说:"孟明,桑梓以有你这样的子弟为荣,我们老大将来大学毕业以后,我要把他送到你那里去磨练磨练,俾便能为国家尽点力。"现在大哥快要大学毕业了,可是他是学经济的,哪里能举宝刀以卫社稷呢?真盼望有机会能见到这位胡师长,看看他到底是怎样个英勇样子。

从那次以后,我常常怂恿小江和我去胡大哥那里借书,顺便看看那张照片,有机会就请他再讲些胡师长的故事。同时也开始注意报纸上的国家大事,国内要闻。果然,"天下无难事,只怕有心人",我不但常常会从报纸上发现胡师长的名字,也听到许多人的口中谈到他的种种传奇故事了。他们说他不但会打仗,更会带兵,他对士兵就像对自己亲兄弟一般,士兵吃什么他吃什么,士兵穿什么他穿什么。据说当革命军北伐之初有"十不怕"的口号,就是"不怕死、不怕险、不怕饥、不怕穷、不怕远、不怕疲、不怕苦、不怕痛、不怕硬、不怕冻",这位胡师长十项都做到了。

由于种种的传闻,我对他的印象愈来愈深,仰慕之心也愈来愈切,总希望有机会能见到他。可是,直到我高中毕业,都没有遇到这个机会。

毕业以后我去上海念大学,大学生的生活是自由活泼的,特别是像我这样比较喜欢课外活动的人,和男同学接触的机会更多,但是,谁也没有使我动心。人家说姻缘是前世注定的,也许月下老人的红线已经把我和他连在一起了。

在我念大三的那年春天,我和绮嫂去杭州探亲,一天早上,我去老师那里,他正在楼上处理要公,叫我在楼下客厅等一下。客厅外面是个大花园,那正是百花吐艳的时候,我就倚在窗边欣赏着园里的景色。过了不久,听见后面响起了脚步声,以为是老师下来了,回头一看,进来的却是个陌生人。他穿着深灰色的哔叽中山装,中等身材,方脸宽额,浓眉大眼,鼻梁很直,嘴形很美,面色白里透红,下巴青青一片,显然是刚修过脸的。当我和他的眼光一接触时,就像一道闪光射进我的心里,立刻感到脸红耳赤、心头乱跳,同时觉得这个人好像是什么地方看见过的,到底是谁却想不起来了。为了掩饰窘态,我只好又回过头去继续望向窗外。他呢,既没有退出去也没有坐下,好像马上就绕着客厅里的那长方桌开始踱起方步来了。又过了好一会儿,当我等得有点不耐烦的时候,又有脚步声到客厅门口,我以为这一次一定是老师了,连忙转过身来。进来的却是王副官。王副官对那位客人笑笑,然后很恭敬地说:"军长,先生请你上楼去。"

"唔,好!"他口里应着,脚步已跨出客厅,只听见几步楼梯声就寂然了,我想他走楼梯一定不是一步步走上去而是越级跳上去的。他出去之后,我已无心再看风景,随便在门边一张沙发上坐下,感到心慌意乱地真想跑掉了。

随后,老师终于下来了,刚才那位客人也跟在他后面。他一进来就很高兴地对我说:"你来得正好,我给你介绍一位朋友。"然后指着那位已经站在他旁边的客人说:"这位是胡军长。"又看着客人指指我说:"这位是叶小姐。"

等大家坐下来后,老师问了我一些学校的情形以及我来杭州的事,又告诉我他中午就要去南京,因为那边打电报来有要紧的事要他当天赶去。最后他对我说:"这位胡军长是我的好朋友,他的学问好得很,你可以多多地请教他。"然后又对胡军长说:"大哥,我还要上去理一下东西,你们谈谈吧。"说着,没等他作任何表示就匆匆跑出去了。

客厅里只剩下我们两个人,这时我已经知道来客是谁了。原来,这几年他已从师长升到军长,他的样子有点像那张照片,又有点不像,时间相隔七八年,人的样子是会变的。我觉得他的人比照片更有精神。七八年来我一直想着他,想认识他,如今,我们终于面对面了,我将对他说什么好呢?我能告诉他,他是我梦里的英雄吗?我能对他表示我私心的渴慕吗?毕竟,我已不再是一个十六岁的小姑娘而是一个二十多岁的大学生了呵。我脸红心跳,手足无措,不知如何是好。幸亏他倒很能掌握情况,老师一走,他就马上移坐到离我较近的一张椅子上来,用温和而亲切的口吻对我说:"叶小姐,听说你现在在上海念书,念几年级了?"

"三年级。"

"念哪一系?"

"政治经济系。"

"呵,小姐念政治,可了不起,将来一定是个女政治家。"

"哪里,哪里,念政治是最没出息的。"

于是他又问了我许多学校方面的问题,这些问题最容易谈,也最不会得罪人,慢慢地我的心平静下来,态度也自然了。等到二十分钟谈下来,我们已不再感到陌生。后来他说要等着送我老师去车站,问我要不要一道去,我心里是想说"不"的,口里却说"是"。那时时间还早,他提议我们先去附近湖滨公园散散步,我心里想,刚刚认识怎么可以和他一同出去散步,正推辞间,郑先生来了。郑先生是认识我也认识胡军长的,不知道是有意还是无意,他听见胡军长说出去散步的事,连忙对我说:"来,来,我们一同出去走走。"因有郑先生同去,我也就不再推辞了。出得门来,三个人有说有笑地从第一公园一直走到民众教育馆。

那天是一个风和日丽的好日子，正是暮春三月，江南草长莺飞的时候，湖滨公园桃花盛开，香风阵阵，吹人欲醉。我走在他们两人中间，有些兴奋也有些迷乱，脚步有点飘飘荡荡的，像走在云里，当时忽然想到小江，很盼望能在路上忽然遇到她。她知道我对照片里的那位英雄有着一份特别的感情，假如她看见我竟真的和他在一起，将是多么惊喜。

一小时之后，我们回到公馆陪老师一同去车站。车站里人潮汹涌，好像还有些部队上车，胡军长没有和我们同车，我想可能他还要送别的人。车开动了，我向老师的秘书何小姐挥手送别，老师是素来不喜欢这些婆婆妈妈式的动作的，一上车他就进入自己预订的房间，继续处理公事去了。

"叶小姐，我送你回去吧！"当我看着何小姐的手帕在远去的车窗消逝后，正转身要走时，忽听得后面有人对我这么说。不知道在什么时候，这位将军竟又回来了。我觉得有点不好意思，连忙说："不了，谢谢您，我自己回去。"他好像没听见我的话一样，跟着我朝车站出口的方向跑。我想，等到了车站门口再说吧。出得站来，前面正停着一辆黑色轿车，我想这车可能是他的，但又不敢断定，心里想在快到达车子时向他握手辞谢。哪知当我们走到离车子还有几步距离的时候，他却一个箭步跑到车旁把车门打开了。我感到很是尴尬，口里叽叽咕咕地像是又说了一两句推辞的话，但他并不理会，只是笑嘻嘻地用他那空着的左手很自然地把我挽上了车。我想，这简直是软性的绑票嘛！天下竟有这种强要送客的事，虽这么想，心里却是很快乐。

到了家门口，已是吃中饭的时候，我想请他进去吃饭，又不好意思，毕竟我们认识还不到三小时，只好谢谢他就算了。他也没有什么表示，只说了一声"再见"就叫司机把车开走了。他走了之后，我又有点失悔，觉得可能自己对他太冷淡了，得罪了他。吃饭时，绮嫂问我这半天的情形我都懒得讲，只说去车站送了老师，匆匆吃了半碗饭就跑到房里关起房门，想安静一下，使头脑清静一点，把那紊乱的思绪理理清楚。谁知刚进到房里，外面的门铃就响了。女佣来报告，外面有客要见二小姐。

他已换穿一套西装，态度潇洒儒雅，实在不像一般人所想象的军人。他问我有没有兴趣去游湖或散步，我觉得有点累，不想出去，提议就在家里谈谈。他也乐于接受，一谈就谈了几个钟头，从杭州的天气谈到西湖的风景，再从西湖风景谈到有关西湖十景的各种典故。原来他是老杭州，在杭高念过书的，对杭州情形非常熟悉。虽然我也在杭州念过三年书，还将杭州作为第二故乡，和他比，却像个陌生人了。他是那么健谈，说话的声音平和而有力，眼睛充满着感情,当你听他说话,看着他的表情,是不能不被吸引的。坐到天快黑的时候,他看看表,说是有人请他吃晚饭,才愉快地辞去。

晚上,绮嫂问我什么时候认得这位先生的,他是什么人,什么地方人,我就把这一天的情形告诉她。她听了之后,笑着说:"二妹,我看要当心,这位军长的攻心战术可厉害着呢!"我啐了她一口,埋怨她不该取笑我,如果取笑我,以后什么话都不告诉她了。姑嫂俩正谈笑着,门铃又响了。女佣进来说:"二小姐,下午那位客人又来了。"绮嫂一听马上咯咯大笑起来,她说:"你看,这不是攻心战术吗?哪里有一位普通朋友会这样积极的?要不,他是着了我家小姐的迷了。"在平时我一定和她闹一场的,那时却顾不得了,只对她白了一眼,说等客人走后,一定不饶她。匆匆修饰了一下,就跑去客厅。

一看我进去,他连忙迎了上来,一边和我握手,一边问我:"我晚上来看你,是不是方便?"我想,你既来了还说什么,就笑着说:"没有关系。"于是我们又开始聊天,这一次他和我谈历史。我早就听说他对历史很有研究,问了他许多历史上的问题,他都对答如流,对每一件事说来都是如数家珍,并且常常有自己独到的见解,愈谈我对他愈佩服。后来我问他一些有关战争的问题以及关于他的种种传闻,他却避而不答了,只是说:"这些都是枯燥的题目,我们还是谈些有趣的事吧。"我也就不便再问下去了。那天他坐到十一点多钟，临走时约我次日同去西湖探胜，说定早上九点来接。

他可真是个守时的，第二天早上，当我们客厅的大自鸣钟"当"的一声，开始敲打九下中的第一下时，门铃也响了。我们一同坐车到湖滨第四公园，再从那里雇一只小船游湖。我们先到平湖秋月，再到三潭印月，随后上岸，在那九曲石桥上眺望湖中景色。流连好久，我们才又下船继续前进，到岳坟上去吊岳王墓，走过跪在大门左右的秦桧夫妇石像，看见游人对他们吐唾液，我们觉得历史的审判确是很厉害，也是很公正的。中午我们就在岳坟附近的杏花村吃午饭，尝了一顿地道的宁波菜。后来，我们又穿过苏堤划向西湖。西湖里的荷叶很茂密，小船穿过，有时颇不容易，但和风吹来，荷香阵阵，划游其间，情趣无穷。情侣们通常都喜欢在这里划船，尤其是在初夏荷花盛开的时候，游船更多。我们上去玩了几处名胜就往回划，回到湖滨已经是万家灯火了。

在船上的时候，他提议次日陪我去爬玉凰山。他对爬山似乎特别有兴趣，认为奔驰于崇山峻岭之间，呼吸着大地的气息，比荡漾于碧波之上呼吸着荷叶的气息还要有意思。我虽不同意他的说法，但也很乐意和他一同去爬山。第二天一早便穿上一套轻便衣裙，在客厅等着他，哪知这次他没有来,只派他的参谋来告诉我,他昨晚接到南京的电话,那边有要紧公事,已经连夜赶去了。这消息使我很失望,但并不怪他,军人以身许国,私人的生活永远只能放在后面的。

过了两天我和绮嫂也回到上海。那时我们住在法租界萨波塞路的一幢三层红砖洋房里,这是一种西欧式的建筑,门口进去就是楼梯,楼梯终处就是二楼也就是正房,第一层在楼梯边进去,像是地下室,除了厨房以外就是下房。我们用二、三两层,二楼前房本来是父母的卧室,父母回家乡后就用作饭厅兼客厅,二楼后房是大哥的书房,我的卧室在三楼后进,三楼前面是兄嫂的卧房。我房里有两扇大窗开向法国公寓的花园,园中树木苍翠、绿草如茵,四周种着各种花木,一年四季都有花开。我常常凭窗欣赏园中景色,春天的时候,和风带来花香,使我的房中总是芬芳满室,尤其是每当从外面回家,推门进去一阵香气迎面而来,使人顿觉心爽神怡,所以虽然房间不大,我却非常喜欢它。

大约是我们回到上海的第五天早晨,我没有课,正靠在窗下的沙发上读一本诗集,妈妈的丫头阿香急急忙忙地跑进房来对我说:"二小姐,快下去,门口有一位先生要见你,他手上还捧着一盆花呢。"我想那不会是他吧?可能是他打发花店送来的。下去一看,我简直要笑出来了,原来真的是他,直直地站在门前,两手捧着一大盆盛开的玫瑰花,那是个绿瓷砖的花盆,恐怕至少也有十斤重吧。我想笑,前去和他招呼,他才想到把花盆放下来。我问他什么时候来上海的,他说才到了一小时,可见他一到上海就跑到花店去买花了。我深为他的情意所感动,赶快请他上楼去坐。他问我把花放在哪里,我看那是一株深红色的玫瑰,已经开出三朵,还有几朵正含苞待放,那花瓣光柔得像丝绒一般,花形极为完美,一看就知道是名种,我想摆在自己房里,就叫阿香来拿。他却坚持要自己捧上去,我拗他不过,只好为他带路了。到了房里,让他把花摆好,就索性请他在那里坐下。坐定后,他对我说:"你一定觉得奇怪吧?我不送你一束鲜花,却这么愚笨地搬来这么个大花盆。我这样做是有用意的,这是我送你的第一件礼物,我要它生根发达,年年开出完美的花朵。瓶花插几天就坏了,这株花谢了又会再开,只要你勤加灌溉,它永远会枝叶茂盛,红花常开的。"

这真是深刻的想头,这种诚意实在可感,我连眼泪都要滚下来了,也就很诚恳地回答他说:"呵,你的意思太好了,真是谢谢你,请你放心,我一定好好灌溉,小心培养,使它的花开得更美,使它的根长得更深。"听我这样说,他伸过手来握住我的手,半晌无言。我俩的心在这一刹那间就已经有默契了。

往后我们对这株玫瑰花很重视,不久他住在牯岭参加庐山训练团时，来信曾有这样的一段："想到玫瑰花开芳香满室，对镜梳妆，临窗读书之风神，不禁神往久之。"后来上海战役前夕，我送绮嫂转杭州回家乡曾把这盆玫瑰也带到杭州，托她带回家去，和我儿时手植的茉莉花种在一起。现在事隔二十多年，这株好花不知下落如何了！

那天他在我那里坐了一会儿就提议出去走走，原来他对上海的环境也像杭州一样熟悉。想当年他带领着革命军坐着敞篷车在上海市游行的时候，心里是非常愉快的。这次他带我上外滩公园去玩了一会儿，就请我在南京路一家馆子吃西餐。那是一个犹太人开的，以印度咖喱鸡饭最为出名，他就为我们各人点了一客。饭后我们又去霞飞路的一家俄国馆子听音乐，在那里他告诉我许多儿时的故事。

他原籍宁波，三岁丧母，由叔父母抚养，后来老太爷去孝丰做事，再娶继母，才把他从宁波接去孝丰上学。他从小就对历史很有兴趣，尤其向往历史上那些大智大勇的英雄人物。在湖州中学读书时，闻得孙中山先生领导革命的事，就想前去参加，只是年纪太小又无门路，没有办法只有慢慢等待机会。湖中毕业以第一名被保送去杭高念书。后来又回到孝丰教书，在杭州时他加入国民党，从那以后对于党务就很热心，嗣后曾去上海、南京、北京等地工作，所走地方愈多，对于国家的大好山河更有深刻的印象，认为大丈夫应对国家民族有所贡献,决不能屈居穷乡一隅老死牖下,与草木同腐。等到听说孙先生创办黄埔军校,招考有志青年投笔从戎,他就决定前去投考。可是,那时的社会仍然不重视武功,一般老百姓还是相信"好男不当兵,好铁不打钉"的旧观念,所以老太爷他们都不赞成他去。况且他又是长子,家人以他对祖宗的责任为理由,也不愿他去冒险,但是他去意已决,还是不顾一切上路了,当时身上穿着一件蓝布长衫,足上穿着一双草鞋,口袋里只有五块大洋,临走时七岁的幼弟送他上路。走到孝丰城门口,他怕幼弟再走回去会迷途,坚要他回家。又因天气热,太阳太大,就把手上的一把雨伞叫弟弟撑回去。幼弟哭着说:"大哥,你这样出门,没有吃的、没有穿的,将来怎么办?"他回答幼弟说:"大丈夫不能忍冻挨饿还能成什么事业,你不要急,回去好好念书,将来做个有用的人,大哥只要有点成就,一定会回来看你的。"后来他苦撑着到了上海,问一位在上海做事的好友借了五十块大洋,就搭船去广东了。

当他谈到这种种往事时,声调充满感慨。从他的故事,我对他有了更深一层的认识,尤其是想到他从小丧母,孤苦奋斗的往事更是感动得想掉眼泪,那天他当晚就回南京去了。

从那次以后,差不多有三个月的光景,他只要有空就跑来看我,有时两三天,有时一天,有一次还只有半天,中午到晚上就走了。他来总是约我到公园、海边或上海附近的名胜古迹去旅行散步,我们有许多共同的兴趣,对大自然的爱好就是其中之一。此外我们也常常去听音乐,但很少去看电影,因为他的时间总是那么短促,我们舍不得浪费时间在黑暗的电影院里。他是一个看来沉默却很健谈的人,我们在一起时可说无话不谈,不过有一个原则就是不谈政治,不谈他本身的职务。我除了知道他南京办事处的地址外,对他的防地、他部队的情形一无所知。事实上,他每次从哪里来,到哪里去,我也是不知道的,他来看我总是突然地出现,从来没有事先告诉我一声的,有时我写给他的信常常会在他来看我之后才收到,原因是他从别的地方来,而我的信是寄到南京去的。他这种行动的保密,公私的分明,是基本的特性,不但那时如此,往后二十五年都是一样。

在一九三七年六月的一个早晨,他又出现在我家门口,一见面就对我说:"快快准备,我们到江湾去玩一天。"江湾是海边,是我们常去的地方之一,那里有一家西餐馆以海味闻名,我们总喜欢挑靠海的那一面座位,坐着欣赏海上的风光。他说一个人如果能常常和海接近一定会眼光远大,心胸辽阔的,以海的伟大海的雄壮来比,人实在是太渺小了。

那天我本来是想在家准备考试的，他既然来了，而且又提议去看海，我只好丢下一切跟他走。从上海去江湾坐汽车大约有半小时，在平时他总有说有笑的，那天他像是在考虑一个什么问题，车子开动以后就很少说话，直到我们快出市区时，他忽然拉住我的左手，看看我手上戴的古老的手表，很认真地说："你这个手表很旧了，该换一个新的。"

我不知道他的用意，脱口而出地笑着说："换个新的谁送礼呀？"

"我送。"他直截了当地说，一边就从口袋里摸出一个绿丝绒的长方形盒子，里面是一个小巧的白金手表。这一下可把我窘死了，羞得从头颈红到额角，我说"谁送礼"是开玩笑的口吻，怎么会想到他已经预备了一个手表在口袋里的呢？当我仍在羞得抬不起头来的时候，他却像哄小妹妹似的对我说："来，让我替你戴上去试试看，表带是不是太长，太长可以拿去剪短的。"

这时我觉得不得不开口了，就对他说："我刚才是说着玩的，谢谢你，这礼物太贵重了，我怎么好意思收呢！"

他听我这一说，以为我不喜欢那个表，用惊疑的眼光看着我说："怎么？你不喜欢吗？不喜欢可以拿去换的，请你先收下好吗？"

我不好意思再拒绝，只好把它收在荷包里，但一路上心神都有点不安，总觉得自己的态度有点太放肆了。

到了那里我们照例拣了两个临海的座位，叫了我们惯吃的菜，吃完饭，他提议我们到海滩去走走，那时已是下午两三点钟的时候，初夏的太阳晒得沙滩有点发烫。走了一阵，他看看左面的堤岸示意我说："我们到那里去坐一下吧。"没有等我同意他已大步地向那边走了。堤岸那头有一个茶亭，摆着一些藤椅，是供游客坐的，那时简直没有什么人，我们坐下以后，他和我有一搭没一搭地谈着，气氛总有点不像平常一样，过了不晓得多久，他忽然像下了很大的决心般的，转过头来，脸对着我的脸，眼睛注视着我的眼睛，温和而坚定地问我说："霞，我们今年结婚好不好？"

虽然他的声音是那么温和，他的态度是那么诚恳，这句话之对于我却是那么有力、那么响亮，使我的心像受到剧烈的震荡而猛跳。是的，这是我所最愿意听的一句话，也是我盼望着有一天会从他的口中说出的一句话，但是我没有想到它会来得这么快，更没有想到它会在今天，在这一刻被提出来。我看着他，呆呆地看着他，一时竟答不出话来，内心充满着感情，两眼湿润了，眼泪慢慢地从两颊流下来。最后我用那迷蒙的泪眼看着他，向他轻轻地点了一下头。就在那一刻，那一刹那，一对强有力的臂膀伸了过来，把我紧紧地搂住了。

回到家里，我像是酒醉了一般飞奔上楼，迫不及待地把这消息报告绮嫂,并请她马上代为写信去禀告父母。呵!妈妈,亲爱的妈妈,我知道这消息会使她多么高兴,因为她知道我的心,她知道这个婚姻会带给我最大的幸福的。

晚上,睡在床上,回想着过去的种种,回想到我在杭州念高中的情形,回想到在胡大哥家所看见的那张照片,多么奇妙的事,一张照片,我竟会对一张照片一见钟情,而这种虚幻的感情竟会变成事实。我想等我们结婚的那天,我们一定要拍一张很美很美的结婚照,再把这张照片寄给胡大哥,请他把它和那张旧的照片挂在一起。

万卷诗书 /

天下不如意事真是十常八九！当我正满怀兴奋和欢乐的心情，等待着喜期来临时，从那北国的桥头传来了一声炮响，这炮声打去了我十载的美景良辰，驱使我读破虽无万卷也有千卷的诗书。

那是一九三七年的七月七日，驻在我国华北的日本军竟在北平西南的宛平县卢沟桥附近举行野战演习，为了造成侵略的借口，假说有一名日军失踪，居然向宛平县城开炮，我驻在附近的国民党军队，在忍无可忍的情形下，终于开枪反击了。这时蒋委员长正在庐山主持训练，得到报告之后，认为中华民族存亡绝续的关头已经到来，向全国军民宣布对日抗战的决心，号召全国同胞一齐起来，拼全民的生命，求国家的生存。我们全国军民，对日本帝国主义的侵略野心及对我国领土主权的侵犯，早已义愤填膺，经领袖这一号召，自然是一致起而响应，于是那悠长而艰辛的八年抗战就这样开始了。

我那未来的新郎当时也在牯岭，战事既然爆发，自然就立刻奉命返防了。我在上海得知战事发生的消息，马上想到我们的婚礼将要延期。不过，我并不因此懊恼，因为我绝想不到战争会延长得那么久，而且对日抗战也是我自己一直盼望着的。早在"一·二八"事变时，我在杭州念高中，就曾参加杭州市学生请愿团，坐四等火车到南京去请过愿的。这几年来，虽知道政府未能早日还击，但那种焦盼政府出兵，逐出占住我领土的敌人的心情，已是与日俱增；现在出气的日子果真到来，怎么还会因私人之事而感到不愉快呢？那时我所等待的只是关于南兄行踪的一封信，我知道他一定会最先参加作战的，如果他是在京沪一带，我就安心多了。但是一连两个礼拜，一点消息都没有。我写了几封信到他的南京办事处，也无回音，这时上海已是人心惶惶，许多人都在准备搬家了。我那位住在江湾两江体专的好友兰姊，也搬进城来和我们同住了。大哥来信，劝我和绮嫂暂时回到浙江家乡去，兰姊却劝我和她一同回重庆，我已下定决心，在没有和南兄接上头时什么地方都不去。

大约是八月初的一个下午，老师的副官打电话来说，老师请兰姊和我到海格路去吃晚饭。原来老师已经到上海来了。我想，可能南兄也会来，看样子战争离我们不远了。因为我急于想得知一点有关南兄的消息，还不到六点就催着兰姊动身，兰姊还以为我想去老师家吃好东西，笑着骂我说："急什么，他们有冰箱，冰激凌不会化了的。"

话虽这么说，她还是快快地打扮好陪我一同出门了。

我们一进去，老师就下楼来了，他显得很安详，像是没有什么事要发生似的，兰姊问他上海要不要紧，他笑笑说：

"要紧当然是要紧，但对于你们这些女孩子是没有什么关系的。"我说："假如战事到了上海市郊我还要不要继续读书呢？"他说："看情形吧，只要学校能继续上课就可以继续念书，这次战争是长期抗战，绝不是短时期所能了的。"

这时我看见女佣在摆碗筷了，她摆着五副碗筷，我想，还有两个客人是谁呢？忽见老师的秘书陈先生从后面书房出来，老师问他："胡先生呢？"

"在楼上，他马上就下来。"

陈秘书的话才说完，就听见一阵楼梯声，我那位将军，从楼上飞快地下来了。我感到一阵惊喜，正想立刻迎上去，他已来到我们面前，愉快地和我们一一握手，但是我感觉到，他对我的态度并没有比对兰姊的态度更亲切，心里有种说不出的惆怅，默默地跟着大家坐上餐桌。吃饭时，他的话最多，并且还说了两个笑话，那种若无其事的样子真不像从前方刚回来的，我心里有好些话想和他说却找不到机会。饭后，兰姊说到如果战事再蔓延开来，她想回四川去，他很赞成她的意思，和她谈了一会儿，才转向我，笑着对我说："叶小姐，你有什么打算？"

我说："如果上海市区不变为战场，我想暂时留在上海。"

他说："这样也好，我相信上海三个月内是没有问题的。"

我心里想,你说得这么肯定,靠得住么?后来证明我的猜疑是多余的,因为他已下了决心要守这么久了。那天我们再谈了一会儿,他就说有一封要紧的信要写,先告退上楼去了。我当时感到有点莫名其妙,后来一想大约是他不愿在陌生人面前流露真情,因为他还是第一次和兰姊见面呢。

　　原来他那封要紧的信是写给我的,当我抱着怅然若失的心情回到家里不久,老师的司机就送信来了。信并不长,内容大意是:"霞妹,我因公来沪,本晚即须返防,上次之约必须展期,此为万不得已,想妹定能原谅。一待战事胜利结束,我必赴约。后会有期,千祈珍重……"

　　我并不失望,因为这是意料中的事。一星期后大上海的保卫战开始了。他的部队就是这次保卫战的主力,他所率领的是第一、第七十八两师约四万人,所防守的是杨行、刘行和蕴藻滨那一线。那是一条极为不利的防线,地势洼湿,又无掩蔽,他们的战壕直接暴露在敌舰重炮轰击之下,可以说是真的以血肉之躯筑成长城来掩护国家实力的后撤,以保存国力与敌人作长期的抗战,可是兵士牺牲之壮烈,损失之惨重,真非笔墨所能形容。他眼看着兄弟们一排两排地为了国家的生存、民族的光荣而倒下去,虽伤心欲绝,却仍咬紧牙关地支持着,一直支持了三个多月。当战争初起时国际上都认为我们支持不了三个星期,一位幸灾乐祸、眼光短浅的法国政要还曾经这样说:"筷子怎么抵挡得住大炮呵!"谁知我们的筷子不但抵挡住了大炮还得到了最后的胜利。后来,当人们估计我们八年抗战成功的因素时,认为最初这三个月的上海保卫战,以血肉之躯争取到的时间,使得政府能从容地把人力物力移向后方,实在是有很大的作用的。

在这段时间,我校在大西路的房子给战火毁了,后来就搬在愚园路岐山村继续上课。我一面读书,一面参加上海各界妇女所组织的救护队去各临时伤兵医院工作。那时上海的所有舞场、戏院几乎都做了伤兵医院了,这些伤兵医院的伤员官兵,有许多就是南兄的部队的,可惜我当时并不知道。我除了读书、服务之外,每隔两三天就给南兄去一封信,报告他上海的情形,也告诉他我对他的思念。这时我并不知道他就在上海外围,也没有接到他的片言只字,事实上,我根本也没有希望他回信,只是觉得我的信可以给他安慰,也可以增加他作战的力量;此外,写信对我自己也是一种安定力,因为上海那时的人心是相当浮动的。后来,他告诉我,我这些信确是给了他很大的安慰,他每当深夜,当一天惨重的战争结束之后,就会拿出我给他的信来读。后来当他们撤离上海时,因为怕半路遗失了给敌人拾去,他把那些信放在一只小箱子里埋在营地后面的园子里。后来抗战胜利时他本想去那一带找找看,又因国共冲突,仍然抽不出身。不知道现在还在不在呢。

我们再相见时已经是一九三八年的二月。那时国民党军队已经撤出上海,放弃南京,京沪一带的人民很多已向内迁。我校张校长决定迁校成都,已派商学院院长谢霖先生专程西上筹备,我去信家乡,征得父母的同意之后也决定到成都去。由于沪港一带都有大哥的朋友,我先从上海乘船到香港,再从香港乘飞机去汉口。离港时,大哥的朋友曾经打了个电报去汉口请大哥去飞机场接的,可是当飞机抵汉口机场时,我没有看见大哥,只看见老师那里的郭先生在笑眯眯地向我打招呼。下机后,才知道大哥因公到别的地方去了,是他托郭先生接我的。当我跟着郭先生走到机场的出口时,忽见南兄的办事处长程先生向我走来。我心里一愕,想着"是不是他也来了?"还来不及再转念头,程先生已到我们面前,向我招呼了。他跟着我们走了几步就轻轻地问我住在汉口什么地方。郭先生把我的地址告诉了他。

到了住的地方还不到一个小时,南兄就来了。

他看起来又瘦又黑,不过两眼还是那么有神,动作仍然那么迅速利落,一看见我就趋前和我热烈握手,口里连连问着你好吗你好吗,语气中充满关切。实在是,当这乱世,他又经过了那么多生死一发的场面,半年别离真有隔世之感呢!看见他那么消瘦,我心里很是难过,只说得一声"你瘦了！"眼泪就像泉水似的流了出来。他拉住我的手，扶我坐在一张长沙发上，温柔地对我说："看你，到底是女孩子，经不起一点风险，我在这里好好的，还哭什么！"说着就从口袋里拿出手帕为我擦眼泪，等我停止了哭，才又对我说："告诉我，你怎么从上海跑出来的，我已经两个月没有接到你的信，正派人在上海打听你的下落呢。"

原来，他的部队退出上海以后，略加补充又参加南京、浦口、乌衣、滁州之战，这期间我给他的信，他一封都没有收到。于是我把怎样准备离上海，怎样到香港的一切经过详细地告诉了他，他听后叹口气说："真惭愧，我竟没对你的安全尽到保护之责！"

我们谈了一会儿后他说有事马上要走，明天再派人来接我去他住的地方谈谈。

第二天一早，程先生来了，我们一同到南兄的住处。一进门，他就说："来，我带你去行个礼。"我正奇怪间，他引我走进一间小小的书房，正中靠墙的桌上，摆着一张老人的照片，前面有一炉檀香，香烟袅绕，气氛肃穆，他注视着照片对我说："这是我父亲的照片，他老人家已不幸于两个多月前去世了。去年夏天，他在上海医院医病，我好几次想带你去看看他，都迟疑未决，结果他竟未能在生前看到你，我感到非常遗憾！"

听了他的话，我感动极了，两眼含着泪走到桌前，向我那未来的公公深深地鞠了三个躬。行完了礼，抬头看见南兄他也已经满眶热泪了。他天性至孝，对于老人家去世时他未能前去奔丧感到极为悲痛，以后每年老人忌日他即闭门谢客，绝食一天，以表孝思。在公公逝世三周年时他曾上电当时的委员长蒋公恳请准予回乡料理窀穸，稍尽孝思；但因他当时任三十四集团军总司令及第七分校主任，责任很重，没有获准，他就在终南山大顶设奠致祭，并且亲自撰了一篇祭文，情词悲怆，后面有一段："儿出外多年，未尝一省，遭逢乱离之世，构成百身莫赎之痛，亲恩浩荡，而音容长违，亲德巍巍，而慰亲无计，独上南山，请灵设奠，一身寒落，风雪漫天，固不自知其心伤神创，而语无伦次也……"这篇祭文，后来我把它收在《宗南文存》中，每次读到，回想到当年在汉口他带我去向公公遗像鞠躬的情形就不禁心痛如绞！

那天我在那里吃中饭，饭后，他叫我在一旁坐着，他要写几封家信。信是写给他的叔父和弟弟的。两信内容大致相同，就是告诉他们这次抗战是长期战争，家乡可能遭到敌人蹂躏，叫他们举家迁移，在后方隐姓埋名过苦日子，等抗战胜利后，他当回家再重整家园，和他们团聚。这两封信是派专人送的，同时还给他们送了一点钱。在下午四点钟光景，他请程先生送我回住处，他自己就动身去防地，那时他的部队在武昌附近补充训练，不久就又开赴前方作战了。

　　我在汉口住了半个月才搭船去重庆。这时武汉情况已经很危急，长江一带的居民很多都向四川撤退，开赴重庆的船只挤得满满的，我虽然买到一个头等房舱，但当我上船时，不速之客已把那间小小的只有一个半榻榻米的房间整个占了。里面一共是三家，一个年轻的母亲带着四个小孩，最大的六岁，最小的才三个月；一对年老的夫妇带着一个七八岁的小孩子；另外一对中年夫妇带着三个孩子。我到门口的时候看见里面黑压压的都是人头，还以为走错了房间，后来问清楚才知道并没有错，这些人是下江来的难民，买不到票，夜里偷偷上船来的。他们知道我是那房舱的主人，感到有点歉然，但逃难要紧，也顾不得公道了。我站在门口，连脚都插不进去，还是那对老夫妇看不过意，叫那小孩坐在他祖父的膝上，腾出一点地方让我勉强坐在那小床上，但没有地方伸腿，只好靠着舱板，两条腿屈着，两手抱着膝头。这种姿势足足维持了三天三夜，真是受尽活罪；不过因为在患难之中，能够逃得出命已经万幸，大家倒也没人埋怨，并且很能和衷共济，每次吃饭的时候都由坐在舱门口的人，小心翼翼一步一步地越过睡在舱外地板上的人身，去把食品运送过来。幼小的孩子由几个大人轮流着抱，我那膝盖就经常做着那三个月大的婴儿的临时摇篮。好不容易到达宜昌，又遇到一次警报，一时船上秩序大乱，许多人都跳上岸去躲警报，靠着这个机会，我的腿才站直了几小时，缩紧了的四肢得以松散一下。那次敌机并没有在宜昌投弹，警报一解除大家又纷纷上船，继续前进。到第五天总算平安到达重庆，可是已经是人人蓬首垢面，衣衫污皱，一副乞丐模样了。

船到万县时，我曾想办法给兰姊打去一个电报，所以当船靠重庆码头时她已在那里等我了。她比我早三个月离开上海，在这烽火连天的时候，三个月的别离，什么事都可能发生，我们居然又能安全地重聚，也算不容易，两人相见，不禁相抱而泣。

兰姊已替我在她家预备了住处，取出行李，我们就一同到她家里去。她家住在江北，房子相当大，有很好的花园，我们才进园门她妈妈就从屋子里迎出来了。她是一位能干而慈祥的老太太，一见到我就很亲热地拉着我的手带我到屋子里去，她把我的房间布置得漂亮而舒适。那晚当我洗过一个热水澡，轻松地躺在那席梦思床上时，真有从地狱跳上天堂之感。我在重庆住了一个月，真正享受了一个月的清福，到现在想起来还是回味无穷，对于赵伯母的盛意我是永远不会忘记的。

三月中旬得到通知，学校已在成都王家坝租到房子，月底就要开学了。我虽舍不得离开兰姊和她那舒适的家，但我来的目的不是逃难而是求学，我必须按期赶去，就于三月二十号从重庆搭长途汽车去成都，接着就注册上学了。

我到成都不久，南兄也移驻西安，他那时已升为三十四集团军总司令，主持整编华北各战场退到陕西的部队，同时他又兼任中央军校第七分校主任，主持训练军事干部的工作。

在成都的青年学生对这位西北的胡将军也都万分景仰。那时成都各大学的学生联合起来组织了四个大专学生战时救国团，从事后方的宣传服务工作，我是四个团的团长之一，也是唯一的女团长。有一天我们四个团的主要负责人聚在一起聊天，谈话中提到西北的胡将军（当然没有人知道我和他的关系），那位第一团团长，川大四年级的学生就说："哎，我们来组织西北考察团，到西安去看看好不好？"

"考察什么？要去就干脆去受训，听说上次查良钊先生奉教育部之命，收容了平津、河北、山东各地的流亡青年一千五百人，到了凤翔，没有吃的、没有穿的，胡将军知道了，马上派人去把他们统统收留下来，并且拨出天水训练班的房舍，派了五百匹驴子把他们护送了去，现在大伙儿在那边上学，精神才痛快呢！"那位华西大学的学生，马上接上去说了这一大堆，原来他有一位表弟就是在这一千五百人的队伍中的。

"去是可以的,只是我们的家人都在这里,怕他们不肯让我们去呢?"第二团团长,音专的一位同学提出疑问。

"那有什么关系? 我们去了只有进步、只有成功,家人为什么要拦阻呢?"另一位团员也提出他的意见。于是你一言,我一语,大家讨论起来了。一般的意思是无论去考察也好,去旅行也好,去受训也好,总之西北是值得一去的。这时有一位同学向我说:"叶大姐,我们去,你来做领队好不好? 现在女青年去军中的也很多呢!"

"可不是,那女兵的作家谢冰莹女士现在就在西安。"

"听说还有一位湖南的《潇湘涟漪》杂志的编辑李芳兰女士也组织了一个女青年战地服务团到西北去了。"

"去吧,叶大姐! 如果你做领队,我们全体都去。"

这样,你一言、我一语,大家的目标竟转向我了。我心里想,幸亏他们不知道我和胡将军的关系,不然真要给他们取笑死了。我知道这时候我去是不妥当的,于是对他们说:"好啦,好啦,只要大家愿意去我也可以去,只是有一个条件,必须等我毕业了再去。我父母在家乡就等着瞧我这张大学文凭,如果拿不回去,那才丢人呢!"

听我这一说大家也就不闹了,也许他们也想起他们的大学文凭来了。我们的考察团始终没有组成,但个人分别去西北的却不在少数。

在另外一方面，当我在成都的一年零三个月中，他却悄悄地来看过我两次。那时在成都没有一个人知道我和他的关系，因为我们既然在当时不能结婚，就约定暂时不把我们的关系公开。他去成都是利用去华西大学医学院看牙齿的机会去的。他第一次去看我的情形颇为有趣。那是一个初冬的下午，我们搬到草堂寺的新校舍不久，下课以后，我和同班的三个朋友，手挽着手在校园内散步，忽见门房匆匆地向我走来，远远地就叫着说："叶小姐，有人送信给你，我叫那个送信的把信留下，他说有要紧的事要当面交给你。"

我想，这才怪了，难道是他那里的程先生来了吗？就摆脱了同伴向门房跑去。到了门房那里却什么人都没有。我回过头来问刚才去叫我的门房老陈，他用指头向左边的花圃一指说："那个人就是。"

我朝他所指的方面看去，一个穿灰色中山装的人，正站在七里香的篱笆旁，欣赏着花圃中的菊花。一看那背影我就认出这位送信的人是谁。我悄悄地走了过去，直到快挨到他的肩膀时才笑着说："请问您是给我送信来的吗？"

一听见我的声音，他立刻转过身来，扬着一脸的调皮笑意，回答说："是的，这是您的信。"说着，果真从口袋里摸出一封信来。

我一边接信，一边说："谢谢、谢谢，请到里面去坐一会儿好吗?"

他两眼注视着我,微笑着说:"我看不必了吧,假如您有空,我倒盼望您能陪我去散散步。"

"为了报答您千里送信的辛劳,自然应该奉陪。"

于是我们就像天天见面的同学一般,相偕步出校门。

出得校门我才问他怎么来得这样突然。他说他本来早想来的,只是那里实在太忙抽不出时间,这次也是为了牙齿痛,请了两天假来医牙齿的。我笑他有点假公济私,他说这不叫假公济私,该叫假医济私,我听了大笑。

成都的名胜古迹很多,我们学校的所在地草堂寺就是因杜工部的草堂在那里而得名的。附近有个青羊宫,每年农历二月十二日,百花生日之期,都有花会,成都四乡的养花人家把各种名花拿到那里去展览,同时更展出各种家庭手工艺品和农产品,热闹非凡。花会期长的要一个月,短的也有两个星期。各地人士都赶去参观。此外在城东有薛涛井,是当年的枇杷门巷,名妓薛校书的故居;在城南有诸葛武侯祠;而华西坝上又有许多西化的建筑和西式的园地,也别有风味。第二天,我陪他玩了一天成都的名胜古迹,很有当年游西湖的情趣,第三天一早他就飞回西安了。

他第二次去成都是在次年六月,我刚考完毕业考试,等着行毕业典礼拿文凭。这次他没有自己去送信,是由程先生去学校接我的,他住在祠堂街的一个朋友家里,我们一见面他就笑着说："大学士，我是专诚来道喜的。"

"谢谢、谢谢，大家说毕业就是失业，何喜之有！"

"那未必吧，像你这样杰出的人才，还有人不欢迎吗？"

"这种年头大学毕业生有什么用？"

"怎么没有用？大学生是国家之宝，谁不重视？"

"也许这是你个人的见解。对了，我听说胡将军帐下人才鼎盛，真是谋臣似雨，猛将如云，天下英雄都归关中，你想我有没有资格去当一名小兵呢？"

"哈哈，可惜你是英雌而不是英雄！"他听我那么说，马上哈哈大笑地回答。

给他这一笑，我有点难为情了，马上佯怒地站起来说："不来了，你不欢迎我，我们还在这里谈论什么？"

他站起来拉住我的手说："好啦，好啦，小姐不要生气吧，还是坐下来我们谈正事吧。"

其实我们这些都是空话，自从看出这战事不能在短期内结束后，我早已计划着毕业后去国外继续求学，那时我已得到美国哥伦比亚大学的入学许可证，并已托人在重庆办理出国手续了。他来的主要目的是送行，因为他怕我动身时他不能去重庆看我，所以提前抽空来见见面。

那天我们谈得很多，从办理出国手续的种种问题、去美国研究的计划，直谈到国内战局、国际局势，以及将来可能发生的局面。最后，也是最重要的一段，就是我们互相保证，不论这战争拖得多久，不论我俩隔得多远，我们的爱情决不改变，我们一定彼此等待着，直到日后再相见。

这次见面之后不久，我就去重庆办理最后的一些出国手续了。在出国的前夕，虽明知他不可能来送行，还是盼望他在最后一分钟能赶到。结果他没有来，但派人送来一封信，信上说："吾妹此次远渡重洋，去国离家之感，儿女之情，离愁密密，思绪纷纷，梦寐劳神，感慨必多。兄因职务在身，未能亲来话别，尚希旅途保重，俾免悬念。"这封信我把它放在皮包里，和护照等放在一起，一直带到美国。

我于七月二十三日从重庆飞抵香港，八月十二日从香港乘美国柯立芝总统号邮船经上海、日本，于八月二十六日到达美国的旧金山。因为我早就听说过美国的黄石国家公园规模很大，风景壮丽，就想趁此机会一游，于二十七日从旧金山换乘火车去盐湖，从那里乘汽车玩黄石公园，然后再搭火车去芝加哥转纽约。当我抵达纽约车站时，正是一九三九年的九月一日，下得车来，一眼瞥见报摊上的报纸，竟排着"德国进军波兰"一排大字，想不到欧战也爆发了。

我一到纽约就觉得这城市太大、太乱，并不是读书的好地方，就和那位从华盛顿来接我的萧先生商量，希望换一个学校。萧先生是大使馆的秘书，对华盛顿的情形很熟悉，他提议我进那里的乔治·华盛顿大学，于是我就跟他去到那美国的首都，世界的政治中心，宽大、美丽而又整洁的大城市了。

萧先生把我暂时安顿在他家里，他们夫妇俩只有一个孩子，是高中三年级的学生，也是不久以前从国内去的。他们是湖南人，慷慨热情，非常好客，我在那里得到了很好的照顾。我到的第二天他们就陪我去乔治·华盛顿大学见政治学院的怀特院长，他看了我的成绩单和哥伦比亚大学给我的入学许可证后，就答应我马上注册入学了。

该校是有女生宿舍的，可惜我是临时来的，事前未预订房间，所以不能住进去，只好在别的地方找出租的房间。华盛顿许多私人房子都是有房间出租的，可是一般房东都不大喜欢租给有色人种。萧先生亲自开车带我去找房子，一连问了十几家，才在离学校很远的公园街一家原籍德国的老夫妇那里租到一间房间。这是一幢三层楼的房子，房东夫妇住第一层，其余两层都租给人住。我住的是三楼前面的房间，后面房间住的是一个公司的女职员，二楼前面住了一对夫妇，也是在商店做店员的，二层后进是一位老太太。这些人各有各的工作，平常大家很少碰头，偶尔在楼下碰见也只是大家点点头说一声早安或晚安而已，我一住进去就感到异样的寂寞和孤单，真像是被丢弃在冰窖似的。

而在学校的情形也并不愉快！我刚到国外，英语讲得不流利,见到人不敢先开口说话,并且每次到学校都是快上课的时候,匆匆跑进教室就急忙翻开书本,临时抱一下佛脚,因为这里的教授几乎是每一堂课都有五分钟或十分钟的测验;下课后大家又一窝蜂地拥出教室,各自散去,谁也没有闲情逸致停下来和一个陌生人聊天。所以在开始的一段时间,我除去在小店吃饭点菜时说一两句话外,几乎整天都没有开口的机会,而偏偏国内又没有信来,我到了美国差不多有两个多月,国内还没有一封信来。可怜我每晚一个人在房里看书,查字典,看书看累了就躺在床上想家,想着想着,就独自痛哭一场,哭够了,起来擦干眼泪继续看书,直到深夜。第二天一早又一个人孤孤单单地去上学,到了礼拜天,实在寂寞得怕了就跑到萧家去,不管他们欢迎不欢迎。而且我总要挨到下午才走,甚至于他们去朋友家玩时,只要说一声你也一同去吧,我也就会跟去,这并不是我不识相,实在是怕回到那死一般寂寞的房子里!那时我简直以为家里的人都不要我了,南兄也把我忘记了,这世界上恐怕没有人再爱我了;可是我再三地问:为什么,为什么呢?他们实在没有理由把我一个人这样地遗忘在异国呵!

就在我感到最痛苦的一天下午,忽听得房东老太太在楼下楼梯旁大声叫着说:"凯瑟琳,快点下来,你有好多信到了。"

"信"，这简直是世界上最动听的一个字了，我马上飞一般地冲下楼去。房东老太太手上拿着厚厚的一叠。我连忙去接过来，一共有八封，两封是家乡寄来的，两封是兰妹的笔迹，一封是绮嫂的，其余三封是西北来的。呵！太好了，这么多信，真是太好了！我满面泪痕地抱住了房东老太太，口里唤着说："贝妈妈，我真高兴，我真高兴呵！"她也两眼晶莹地瘪着嘴拍着我的肩膀说："是的，孩子，快上楼去读信吧，我知道这一向你是多么地想家！"

放开了她，我连忙三步作两步地跨上楼梯，后面听见贝妈妈在叫着说："凯瑟琳，别忘记把邮票留着给贝老爹啊！"原来房东老先生是个集邮迷！上得楼去，我就把自己关在房里，拿起信来一封一封地仔细读，读了一遍又一遍，这是我离家以来最快乐的一刻，到这时我才知道实际上大家都还是那么爱我的，只是因为到处是战场，邮路不是中断就是阻塞，阴错阳差地把这些信给耽搁了；可是，最后能够到达我的手中还是上帝保佑呢。

从那以后，虽然生活还是那么孤寂、辛苦，但我心里已不像过去那么空虚。往后的家信来得也不频繁，常常要隔一两月才来，一来就是一大堆，我因知道了原因，也就不着急了。到了第一个学期结束，学校来了通知，我可以搬进女生宿舍去住了。

宿舍在 H 和 G 两街的交叉点，离政治学院只是两屋之隔,这是一幢七层楼的大厦,我的房间在六楼。我的左右邻居都是研究生,左边房里的一位叫南德兰·怀特,是研究英国文学的;右边房里的叫艾玛·史璜生,是研究历史的。我搬进去的当天晚上她俩就一同来访,各人对我自我介绍了一番,并再三地说,假使我有什么需要她们的地方可以随时找她们。这时我才进一步了解到,那些有种族偏见的美国人也只是限于一些没有什么知识的市民和家庭主妇,真正的知识分子毕竟是有眼光有见解的。她们后来都做了我的好朋友,尤其是南德兰,和我更谈得来,后来她在耶鲁大学得到文学博士学位,还到威斯康星去和我盘桓了一周。她家在弗吉尼亚州的诺福克镇,她父亲是该镇的警察局长,我在诺福克搭美国海军运输船回国时,还是她父亲送我上船的。

自从搬进宿舍去住后,我的生活大为好转,我再也没有感到过去那么寂寞孤单了。两年以后,我得到了美国大学的第一个学位,这个学位不是硕士而是学士,原因是在美国读政治的必须选修美国政府、美国宪法、美国政党、美国历史等等近三十个学分,而这些都是我在国内没有念过的。我的导师为了使我在短时间内有点收获,劝我以大学插班生的资格先补修这些学分得到一个大学学位,再以美国大学毕业生的资格去别的学校申请念硕士,那样再过一年就可以得到那个学位了。我接受了他的意见,所以很顺利地就念完了。之后我以乔治·华盛顿大学毕业生的资格，打电报到康奈尔、芝加哥、威斯康星和密歇根四所大学去申请做政治系研究生，四所大学一致回电表示接受。我对这四所大学的情形都不大熟悉，问我的几个美国朋友究竟去哪个好，她们都认为是威斯康星风景好，特富人情味，我就决定去那里了。

在华盛顿的那两年当中，虽然因功课很忙，很少出去交际，但也并不是完全与世隔绝的。在华盛顿读书的中国学生不多，但因为是大使馆所在地，各地去大使馆接洽事务的中国学生是常常有的，而国内去考察或受训的陆海空军军官也不少。有时大使馆或当地华侨举行酒会或餐会时，邀请留学生参加，我也常常在被邀之列。但为了避免发生麻烦，在任何社交场合我都采取保守态度，偶尔有青年军官邀我出去跳舞也都托故辞谢。所以，许多去过华盛顿而和我见过面的人，都对我感到奇怪，他们说我的样子看来不像一个老处女，为什么态度老是那么固执呢？几年以后我妹夫的一位同学，也是当年的留美青年军官之一，告诉我妹妹说："你知道令姊的保密功夫做得多到家，当我们在华盛顿时常在同学们的聚会上谈起胡将军，有人在猜测他为什么不结婚，是不是家里有黄脸婆，等等。她不但不动声色，还加入和我们一同讨论，谁也想不到她是他的未婚妻。有时也有男孩子请她出去吃饭跳舞，她老是说功课忙不肯去,偶尔去了却一坐下来就和人家谈政治,还常常教训人家在国家这样艰苦抗战时不该虚掷光阴,吓得人家请过她一次后就不敢再请她了,原来这些都是她的烟幕弹!"

妹妹把他的话学给我听,我们都笑得要命。

我是一九四一年的六月从华盛顿去威斯康星大学所在地麦迪逊城的。该处是威斯康星州的首府,但并没有一般城市的繁华喧闹。市区整洁而安静,人民和善纯朴,思想崇高自由,很少阶级观念,更无种族偏见,确是追求大学教育的理想所在。学校的几座主要建筑都是在一个小山丘上,侧临曼铎特湖。山上古树参天,有些建筑隐约在丛林之间,红墙一角,极为古雅。我住的宿舍叫伊丽莎白华德大厦,是五层的新式建筑,依山面湖,景色绝佳。宿舍里面的装潢很是华丽,每一层楼用一种颜色的墙纸,而地毯、窗帘、床单、客厅家具都是用相同的颜色。五层楼分玫瑰、浅绿、银白、金黄、浅紫五色,我住的是玫瑰楼,全部颜色都是玫瑰色的。每天清早拉开窗帘,一片碧绿的湖光映入眼帘,真使人有身在仙境之感。在美国读历史的沈先生夫妇,曾去威校念过一期暑期班,参观过我的宿舍之后,称赞那是水晶宫,说我们这些在里面的女孩子都是人鱼公主。我到了那里之后,感到身心舒畅,比初临华盛顿时候的生活可愉快得多了。

我在威校也是先念暑期班的。六月中到，六月下旬就在八个星期的暑期班注册。我选了两门功课，一门是政党政治，一门是美国政治思想，后一门是系主任高斯先生教的。高教授最佩服美国的一位思想家亨利·亚当斯，上第一堂课时他写给我们几本参考书，其中之一就是《亨利·亚当斯的教育》。坐在我旁边的一位美国同学悄悄地告诉我，此老对这本书有偏爱，将来考试时他必有题目出在上面。我想给教授一个好印象，回宿舍后就去看那本书，并且一连看了三遍。三个星期后，高教授给我们来了一个阅读测验，果然，他要我们提出五十个与亨利·亚当斯有关系的人名并略加说明，我一口气把五十个人名都答上了，并且举出了每人与亨利的关系。第二次他来上课时竟把我称赞得上了天，他说，在他所教过的学生中从来没有一个人答得这么完满的，而我一个外国学生居然做到了，可说是个奇迹！俗语说"好的开端便是成功的一半"，从这次以后，这位老教授就对我另眼相看，我的硕士论文和博士论文都是他指导的。从那年秋季开始我每学期都得到学校的研究奖学金，这奖学金使得我不必为生活问题发愁，尤其是在珍珠港事件发生之后，家乡接济断绝，如果不是这个奖学金，不知道我又怎样能那么顺利地完成学业呢。

　　珍珠港事件就是在那年冬天发生的，那是十二月七号的早晨，我先听到这消息是早上九时在饭厅。那天刚好是星期天，大家都起得比较晚，我和几个同学在餐厅吃完早点后，仍没有走开，三四个人围着一张桌子在聊天，不知是什么人走去打开了收音机，忽然一个粗重的声音从收音机里放出："今天清晨日机偷袭珍珠港，我舰损失惨重，总统已经要求国会召开紧急会议，宣布对日宣战!"这消息一出来，大家都愣住了。

"什么？日本偷袭珍珠港？那个叫什么栖的日本和平专使不是在这里吗？那是不可能的，不可能的!"一个大四的女同学发生疑问。

"日本人是强盗、骗子，白宫的罗老先生太老实了，竟受了他们的骗!"另一位研究生叫着。

"好，凯瑟琳，现在我们可真是同盟国了，想不到日本天皇竟也看上了我们!"我隔壁房的好友珍妮带点讽刺的语气看着我说，显然这一个意外的消息把大家的爱国心都唤起来了，她们一个个都感到愤怒而惊惶。我当时也感到很意外，内心却有着一股自私的喜悦，第一个意念就是："好了，这一下我们不会再孤军奋斗了!"但又怕人家说我幸灾乐祸，赶快跑回房里去，免得人家看到我的表情而误会了我的意思。

事实上珍珠港事件对我个人并不好，不但家信断绝，接济断绝，南兄的信也不来了。本来他的信就不多，并且每封信都写得很短，常常是看来厚厚的一封信，里面却只有两张很厚的信笺，一张信笺上不过三四行，他素来是不管平信或航空信都是用那种厚信笺的。不过对我而言，只要是他的信，哪怕只有一句话我也就得到很大的安慰了。当时香港给敌人占领了，航运断绝了，就连那么三五句话也读不到了。我的心情一天比一天沉重，到了第二年五月底，我得到硕士学位之后，很想即行回国，到华盛顿去请萧先生替我打电报去请老师帮忙，但得到的回音是叫我继续求学，暂时不要回国。

不得已，我只好回去念博士学位，好在那里还有四个和我一样从国内去的中国同学，大家在一起倒也有个照应。这四位同学中两位是男同学，范君和欧君，他们都是在农学院研究植物病虫害的，年龄比我大得多，在国内都有妻小；两个女同学一个是安娜梅马，一个叫葛莱丝关。马小姐是上海人，身段小巧，眉目清秀，可惜有一对很粗的小腿，她平常穿着很长的旗袍，美国同学们看她天天穿长袍爬山坡很不方便，都替她着急。有一天我隔壁房间的一个女同学对她说："安娜梅，你穿这么长的旗袍走路多不方便，我看还是把它剪短一点吧！"

安娜梅说："不行，我穿短旗袍太不好看了。"

"我不相信，你样子这样细巧，穿短旗袍一定更活泼可爱，来，你把旗袍拉上五寸让我看看。"

安娜梅最初不肯，经她再三催促只好把旗袍往上提，那位女同学看了之后，笑着说："我看不剪短也好，可能你们中国小姐穿长旗袍更文雅。"

关小姐是广东人而生长在上海的，从小就被父母送在美国学校读书，因此英文很好，中文却只会写自己的名字。当她有一次去芝加哥玩时碰见一位四川的同学，那位同学竟对她一见钟情，等她回威校时，给她一连来了几封情文并茂的中文信，葛莱丝没有办法，只好找我读给她听。我叫她自己用英文覆他信，那个男孩子却颇为固执，不但自己继续给她写中文，并且要求葛莱丝也覆他中文信。她没有办法，只好请我代劳。这一来我和她就自然而然地成为密友了。

由于和这些中国同学在一起，虽然想家，日子倒也不难过；同时，偶尔在报上或国内来人中，我也还可以听见南兄的消息；当时的美国总统特使威尔基曾经在他环游世界的旅程中到过重庆也到过西北，在他《世界一家》的那篇报告中有一段关于西北的报导，上面明白地提到南兄的训练工作和他的成就。这些消息都给我很大的安慰。

但是我的生活是紧张的，考了一门又一门，过了一关又一关，这其中还因搜集论文资料，去到威斯康星州和明尼苏达州交界处的安梯谷镇住了四个月。到了一九四四年的春天，终于到达了最后的一关——论文口试。这个口试是由七位资深教授所组成的论文考试委员会负责的,七位教授中有我的导师高斯——他是主席——副科导师柯柏,和世界闻名的比较政治制度泰斗欧格教授。口试时间是半天,从那天早上九时一直问到十二时,三小时中,每一个考试委员都提出许多问题,有些相当容易,有些也很艰深,我总算大部分都回答得很详细。最后,我的导师高斯教授微笑着向我说:"叶小姐,假如我们再给你一个学期或一年的时间,你认为你的论文哪些地方还可以加强,哪些地方可以修改的?"

我想了一下,很诚恳地回答说:"高斯教授,我认为我已尽了最大的努力撰写这篇论文。在目下,我想不出,还有什么部分需要再花一年半载的时间去加强的。"

这回答一出来,七位教授一齐大笑起来,于是主席宣布考试结束,把我请出门外。十分钟后再开门出来,我的导师先向我握手致贺,那位白发苍苍又高又大的欧格教授接着走到我面前,口里叫着:"好极了、好极了。"热烈地抓住我的手不放。这些老教育家的态度是那么慈和谦冲,他们对我这么好,我感动得热泪盈眶,二十多年的苦读,五年来孤苦奋斗的辛酸,都与那喜乐之泪一同流出来了。他们这些老教授的榜样我将毕生仿效,他们给我的教导我会永世不忘!

到了这个时候,我已归心似箭,水晶宫虽好,我也绝不留恋了。第二天即收拾行李,辞别师友回到华盛顿。在那里靠中国之友,美国海军少将梅乐斯将军的协助,在美国海军开印度的运输舰上得到一席地,于五月底从诺福克海军基地上船,出巴拿马运河,经好望角,过红海而到达印度的孟买,从那里登岸乘火车到加尔各答,再乘机返重庆。

当飞机冲破云层升上驼峰时,我俯视着下面飘浮着的朵朵白云,默默地告上帝说:"上帝呵,你已祝福了你的女儿,这些年来你都在照顾着她,现在请你让这个战争快些结束,让她的生命也能拨云雾而见青天,早日到达那幸福的彼岸吧!"

黎明前后 /

　　黎明前的时光最是黑暗,黎明前的黑暗最是难耐。一个人的成功与失败,一场战斗的胜利与失败,关键往往就在于是否能撑得住这最黑暗的一刻。

　　我漂洋过海,越野翻山,万里奔波回到祖国的时候就是在这黎明之前。当飞机飞抵重庆珊瑚坝机场时,我所盼望的欢迎场面并未出现。不但南兄无代表到来,连我的好友、家人都不在,虽然机场检查站外站着密密的一排人,放眼看去却没有一张我所熟悉的脸孔!失望之余,我只好黯然地提着沉重的手提包跟着其他旅客步下机梯,就在我的脚跨下最后一级阶梯时,却见一个人连走带跑地向我走来,仔细一看,原来是郭先生。

　　"呵,叶小姐,你好,今天飞机早到十分钟,我刚接到电话就跑来了。"他一边喘气一边说话,五年不见,他比以前胖了许多,两鬓已经有点斑白了,但神态还是那么爽朗。我问他我家里的人是否都好,他们为什么不来接我。他说我大哥已经出差去了,印度的电报到得太晚,可能他们来不及通知我嫂子。我问他老师在不在重庆,他压低声音对我说:"最近时局很紧,他已经出门一个月了。"

　　我心里想,莫怪南兄那里无人来,根本没人去告诉他我回来的消息呢。

郭先生陪我去检查站拿出行李，我们一同走上那狭长的石级，一到上面，眼界豁然开朗，别来五年的山城，虽曾屡次被炸，但机场上面这条街道竟是宽敞平坦多了。绮嫂住在枣子岚垭，离机场不远，郭先生有一辆吉普车，坐吉普车去几分钟就到了。那是一个大宅院，大门里面有好几幢房子，绮嫂住的就是进门左前方的那幢楼房的二楼，车子在大院门口停下，郭先生就急忙跳下去，在那幢房子的楼下大叫着说："叶太太，快来，你妹妹回来了。"

"什么？我妹妹回来了？"楼上马上传来绮嫂的疑问声，我不等郭先生回答自己就先朝向楼梯跑，才到半路绮嫂也跑下来了，姑嫂俩在楼梯的转角处撞了个满怀，我叫了声"嫂嫂"，她叫了声"二妹"，两个人就紧紧抱在一起了。

她一边紧紧地抱住我，一边问着说："二妹，你怎么不打个电报回来呢？"

"我打了的呀！不然郭先生怎么知道来接我呢？"我回答说。

"那么他们为什么不告诉我呀？你知道我们等你已经好几天了。"

"好啦，好啦，一切都上楼去说吧，你们在这里聊天，教我把这箱子往哪里放呀！"郭先生在我背后叫着，原来我们因为太兴奋了，竟站在那里忘记了上楼，给他这一催，大家才笑着跑上楼去。

绮嫂住的是前面的两间半,外面一间的门就开在楼梯头,一上楼就到了。这间是卧室兼餐室,里面一间较大,大约有六坪(约十九点八平方米)大小,是绮嫂的卧室兼客厅。床摆在里面一边,靠窗的一面摆着藤椅、茶几之类的客厅家具。靠床的那边有个小门通到后面,是行李间和女佣的卧室,另外有门通至外面。

我一走进绮嫂的卧房,就看见那大床上躺着一个小婴儿,那一定是我唯一的小侄女,四个月大的丽儿了。我连忙跑过去看,她真是个可爱的小东西,一张比苹果大不了多少的脸配着极端正的五官。眼睛圆而亮,鼻梁高而直,小嘴唇有点上翘,像个小菱角似的,只是脸色很苍白,使人一看就自然起怜爱之心。我俯下去吻着她的额头,吻着她的脸颊,心里充满着怜惜与感慨,想着我们家下一代还只有她这么一个小宝贝。我问绮嫂她为什么长得这么小,脸色这么苍白。绮嫂叹口气说:"奶不够呀,我自己没有奶,买奶粉又不容易,走私货的克宁奶粉要四千元一罐,还常常买不到,没有办法,只好给她吃点米汤充饥。"

我是个刚从那牛奶像米汤一样便宜的国度来的,绝没有想到婴儿会没有牛奶喝的事,这时才知道国内物资缺乏和物价的高涨,相信其他方面一定更困难了。

郭先生在我们那里坐了一会儿就告辞了。我谢谢他,并请他代为打个电报去报告老师。

第二天住在江北的兰姊也得到消息赶进城来了。这时她已和魏先生结婚，并且已经生了一个儿子，取名虎儿，我们两人相见，又哭又笑地闹了半天，好友重逢有说不尽的离情别绪。谈了很久之后，她悄悄地问我："西北方面知不知道你回来了？"

"不晓得他知道了没有，在印度时我是托陈先生代为拍电报给老师的。"我这样回答。

她皱皱眉头说："可能还不知道，你晓得最近前方很紧急，他那边情况更坏，洛阳曾经一度失守，洛阳一失，关中就受威胁，最近潼关情况也很危急，如果潼关不保，重庆也就危险了。听说这几天他正调兵遣将主动出击，目下正在全线激战中。"

魏先生所负的责任是有关军事电讯的，兰姊的消息当然是最正确的了。想不到我万里迢迢赶了回来，却正当这个危急存亡的关头，也许我的回来可以给他一点精神上的鼓励，想到这里就立刻起草了一个电稿，请兰姊带回去顺便发出。

这时是一九四四年的六月，正是那著名的豫中会战时期。洛阳沦陷以后，日军以山地兵第一百一十师团为主力北自卢化镇，南至西峡口窥陕，秦岭以南夫妇峪地区都已发现敌迹。幸亏南兄立即主动出击，以灵宝为主要战场与敌决战,苦战将近一月,才于七月初旬获得胜利;以后又先后在阌乡、卢氏、西峡山、淅川击破敌人主力,敌势受到重大挫折,潼关局势才稳定下来。

在七月中旬的一个早晨,我正在读着报上有关西北战场的消息,以及此次胜利后陕西民众代表谷正鼎先生、妇女代表皮以书女士等去前方祝捷献旗的情形,想到这段时间他也许会来重庆一趟。忽然电话铃响了,绮嫂拿下听筒一听说是找我的,我接过来听,对方却是个陌生的男子声音。我问他是谁,他说姓徐,我问他找我有什么事,他说:"您知道叶重庆先生吗?"我几乎要说不知道,忽然想起五年多以前我和南兄作别时,曾经约定以后不论在怎样的情况之下见面,联络时就以当地的地名作记号,这位叶重庆先生可能就是他,于是就回答说:"知道的,你找我有什么事?"他说:"他已经来重庆了,很想和您见见面,假如您有空,我就来接您好吗?"

我想这大约不会错的,实在我等他等得很急了,不论怎样还是去见了再说,就答应他请他马上来接。

绮嫂听说他来了,也替我高兴,因为自从我回国以来,看他那边没有动静,她心里早已着急了。本来对于一个分别五年多的男人,除了我以外,谁会对他有坚强的信心呵!这时,她也忙忙乱乱地替我找外出的衣服,张罗洗脸水,走进走出,很是兴奋。当我打扮整齐时,接的人也到了,女佣先递进一张名片,果然,他就是西北方面驻渝的办事处长。

他告诉我叶君在南岸等我,我就和他一同乘车到江边,然后渡江到南岸。上得岸去,走了约十分钟光景,来到一个有围墙的宅第,他说到了,就伸手去敲门,才敲了一下,院门就自里开了,可见里面是有人等着的。我们走进院子,穿过一条石子铺的小径,就到二门,徐先生让我走,当我推门进去时,我那位将军正走出来,两人一见,立刻就抱在一起,谁也顾不得后面是不是有人了。这么悠长的别离,这么深远的思念,这么难耐的等待,这么磨人的盼望,当到头来终于相见时,怎么还能矜持呢?最初我们两人都很激动,过了好一会儿才平静下来,于是他挽着我坐在一张长沙发上,让我的头靠在他胸前,这时我什么话都不想说,只是静静地倚靠着他,感到心满意足。

我被留在那里吃饭,席间,他问到我在美国生活的情形。本来我是打算埋怨他几句的,到了那时我却挑着有趣的说,不想给他听到任何不愉快的话了。结果一顿饭吃得很快乐。

饭后,他才提到严肃的话题,他说前方情势还是很紧,他那边虽然已获得第一回合的胜利,但问题仍未解决。说到将来局势的演变时,他以炯炯的目光看着我说:"你知道目下的情况虽然恶劣,但我们必须在没有办法中想出办法,我的部队是只许胜利不许失败的。"

于是我问他:"那么你看这战争什么时候可以得到最后胜利呢?"

他回答说:"这当然要看各方面的情况,不过据我判断,不出明年春天,敌伪就会撤退的。"说到这里他向我看看,又补了一句:"自然在这以前我们将有一段艰辛的日子。"

我想他是在向我示意,要我继续忍耐,继续等待。果然,他停了一会儿就转过话头来问我了,他说:"你有什么打算?准备到哪个学校去教书?"

原来在我回国以后,我母校的薛教务长和谢副教务长已经有信给我,要我回母校去教书,同时中央大学政治系也曾透过我一位学长,约我去教一两门功课。我因自己的私事没有决定,所以没有给他们肯定的答复。这些事在给他的信上我是曾经提到过的。现在,从他的问话里,我已听出他的意思。为了表示我的坚强,也为了减去他的精神负担,我很大方地回答他说:"当然是去教书。我决定去成都,那是我的母校,我是义不容辞的。"

"那很好,成都环境简单,你又是旧地重游,这对你很合适,就去那里教一年书再说吧。"

这样总算把我的去处暂时决定了,但这并不是我所愿意的。

这次见面的时间很短促,但对我们都很重要,因为这证明无论时间或空间都隔绝不了我俩的感情；相反，别离愈久，恋慕之心愈切，相知愈深。他回去之后就寄了两首寄怀的诗给我，我将它抄录于后：

八年岁月艰难甚，锦绣韶华寂寞思，
犹见天涯奇女子，相逢依旧未婚时。

纵无健翮飞云汉，常有柔情越太华，
我亦思君情不胜，为君居处尚无家。

从这两首诗里也可以看出他对我的情意的深厚坚定了。

我于九月底从重庆坐成渝公路长途汽车去成都，路上走了两天两夜，半途的客店不但没有比我出国之前进步，事实上好像比从前更乱更脏，夜里几乎无法入梦。第三天到达成都，我就直接坐黄包车到草堂寺母校，别来五年多，校园的树木长大了，学校的房舍变旧了。我最先去见薛老师和谢老师，两位老师都热烈地欢迎我。薛老师的眼睛患青光眼，已几乎看不见了。他一看见我就拉着我的手紧紧不放，口里感慨地说："××，你能回来教书太好了，我们听说你回国了都很高兴，但又怕你不肯回本校来任教。你肯来就可见你对母校的爱护。你看我们都老了。校务要靠你们年轻的一代多多负责。"

老师的话使我很感动，心里暗自庆幸自己做了这个决定。谢老师那时虽是副教务长，但因薛老师的眼疾关系，大部分的教务都是他负责的。他是我以前的主要老师之一，教过我好几门课，所以对我更是亲切。当我在和薛老师谈话时，他已一面吩咐总务处的职员为我准备宿舍，一面派人到家里去请师母备饭，要我到他家去吃这回校后的第一餐。等到总务人员把我的行李安顿好，他就引导我到他家去。

谢师母是有名的湖北美人，我出国前曾经看见过她的。这次相见虽然觉得比以前略为清瘦，但风韵神态依旧。她一看见我去就伸出两只手来欢迎我，口里连说"欢迎、欢迎"，态度亲切而诚挚，接着他们的小孩也一一出来相见。每个孩子都长得很好。最小的一个只有四岁多，是我出国以后生的，长得尤其可爱：那个小圆脸真像个苹果，两颊红红的；有一对又圆又黑的大眼睛；说话声音又轻又脆，像小鸟唱歌似的；笑起来一排又白又细的小牙齿在那小嘴里闪闪发光。她好像和我特别有缘，一看见我就靠在我的旁边不肯走开了。吃饭时她就要和我坐在一起。那天谢师母为我准备了好多菜。师母的菜也是有名的，特别是她的珍珠圆子，没有人吃了不赞不绝口的。吃饭时师母不断往我碗里添菜，小妹也踮着脚站起来为我夹菜，我感到又温暖又喜悦，真像回到自己家里，在母妹当中一样。

真幸亏有谢老师和师母一家对我这么好，不然我那一个学期的生活将更难过。本来我是不重视物质享受的，但生活环境的骤然改变以及精神上的苦闷、身体上的疾病，使我感到那一段生活很难忍受。我住的屋子是旧教室后面的一间单独的房间，本来是用来作堆栈的，因为单身女教职员宿舍没有空房间，总务处临时腾出来给我住。这房间上无天花板，下无地板，每块泥砖地的缝里都长着青苔，有的还长着小草；窗子是木格子糊绵纸的，有些格子的绵纸已经破碎；里面的家具只是一张木板床，一张小书桌，一把木椅子，和一个搁箱子的肥皂箱；照明用的是一盏二十五瓦的电灯。房子外面是一片荒草，到了夜里外面是秋风萧瑟，秋虫唧唧，里面是一灯如豆，潮气袭人。初到的那一夜，我独坐桌前，思前想后，念及自己自十五岁离家求学，十多年来，走遍天涯，如今学成归来，年将三十仍然是孑然一身，而国事艰难，战乱未已，瞻顾前途，渺茫遥远，愈想愈觉凄凉，不禁伏案饮泣。

居处如此，吃饭更成问题，我对于炊事本来就是外行，而这里既无烹调设备，我也没有烧饭时间，所以只好在外面小馆子包饭。谁知我这个人不怕吃苦，虽然住惯了水晶宫，也可以住草房，我这个肚子却不争气，对校外馆子的油腻与苍蝇竟不能妥协，结果从第二天开始就闹肚子，一天厉害一天，一个星期下来已经是有气无力难以支撑了。进城去看医生，医生给我开肠胃消炎片，但那时的消炎片是最新最贵的药品，那是从昆明走私进来的，没有办法的人很难买到。我好不容易托朋友买到几颗，把病治好，但不到几天又犯了，只好又想法子买药。就这样治好了又病，病了又找药，日子就在这半病半好的状态下过下来，两个月以后已经被折磨得两眼深陷，面无血色，体重减轻了二十磅（约九公斤）。同事们看见我这个样子，都说是因为我刚回来水土不服的缘故，但我自己知道如果吃饭问题不改善我的病是不会根治的。凑巧有一天在校门口碰见谢师母，她看见我那憔悴的样子吃了一惊，问我为什么会这样消瘦。我就把过去两个月的情形告诉她。她听了之后，半晌不语，后来像下了很大的决心似的，对我说："我看你就在我家吃饭好了，我们的菜虽不好，但总比外面包的伙食要干净。"谢师母的盛意使我深受感动，但是我知道她家的经济情形并不好，这么一大家人，就靠老师的微薄薪金过日子，维持自己一家人已经不容易，怎么还能加上个食客呢？所以当时就回答她说："谢谢师母的好意，我最近已经好了，我想这么久的日子下来肚子已经可以适应了，请师母放心。"她当时没有再说什么，到了吃晚饭的时候，小妹却来叫我了。我告诉她我已经吃过饭了，请她回去谢谢妈妈。可是她说什么也不肯走。她说如果我不跟她一同去,她就不回去吃饭了。我实在拗她不过,只好跟着她去。从此我就在谢老师家搭伙,而我的肠胃病也就好了。

生活如此,工作也不轻松,本来专任教授的授课时间,每星期九小时也够了的,不幸有一位教高年级孙中山思想的教授临时离去了,学校一时请不到接替的,谢老师就要我多教一班。我因师命难违,只好答应下来,于是每星期一、三、五三天每天要教四小时的课,而四门功课每门都得准备,因此,除了授课之外,剩下的时间就是看参考书,编讲义,几乎天天要忙到深夜。以前在美国时埋怨功课太忙,如今做了老师才知道教书更忙。这一段时间,对我的体力、心智都是一种艰苦的考验。但我所遭遇的还不止此。这时的时局也很紧张,本来敌人在我国战场上的泥足已愈陷愈深,同时在海上的情况也很糟,他们的海军力量已几乎给美国海军整个摧毁,在东南亚各地,他们也在节节后退中,但那些执迷不悟的日本军阀却仍不知死期已近,为了挽救面子,竟不顾一切地想在我国战场上做孤注之一掷,在西北、西南都展开了困兽之斗。十月、十一月之间西北各线战事都很激烈,南兄坐镇前方亲自指挥所部力战,常常几夜无眠,因此我们之间的音讯也少通问,为了他我内心更是惶急不安。

另外,在西南方面,敌人也很凶猛,打昆明,攻贵阳,最后竟占领了独山,直接威胁陪都重庆,造成八年来最危险的局面。我虽安居后方,心里也很着急,我们的命运和国家的命运是一致的,如果国家完了,就什么都完了。

早些日子,南兄曾经和我约定,最迟在十一月中旬,他一定会来成都看我的,结果他无法抽身,于十一月二十号给我一封明码电报,上面说:"某日两函均悉,战事紧急,一时未克抽身,万希原谅。一待胜利,即当前来奉候。"两天以后,又不知托什么人送来一束鲜花和一对钢笔,在钢笔盒里附有一张便条,上面写着:"千言万语都让它代我诉说。敬祝愉快。"

对他的不能践约,我无怨言,他这种百忙中所表达的关怀更使我感动,但我内心的郁闷并没有因这一束鲜花和一张便条而消解。命运之神所加于我的阻难真是特别多,爱情的滋味本来不完全是甘美的,但像我所尝到的这样苦涩恐怕也很少见。

幸好到了十二月一切情况就慢慢地好转了,十二月初旬独山收复,西南局势逐渐稳定,西北各线的敌人也前后被击退,河防已无问题,至此举国上下的心情才略为轻松;到了那年的寒假,最黑暗的时期总算过去了。

在农历年年前的一个严寒的日子,南兄终于到成都来了,这是我回国后第一次和他在成都见面。这次,我的身份已经由学生升为老师,他来草堂寺可以不必经过门房而直接来敲我的房门了。那天因为天气太冷，我的房里又没有生火，冷气从四面八方袭来，我坐在那里看书越看越冷，后来实在受不了就索性把棉被拉开来，坐在被窝里去看书。当我正感到四肢慢慢暖和，可以全神贯注在书本上时，门外响起了敲门声。那时是寒假期间，学生都已回去，我还以为是谢家的大孩子来叫我去吃饭，就懒得下床，对着门大声地叫着说："是大经吗？门没有关上，你进来好了。"

于是"砰"的一声，门被推开了，笑嘻嘻地站在门外的，不是大经而是我那日夜怀念的军人。他还是穿着那套灰色中山装——那件好像永远都不会破旧的中山装，手里拿着一束蜡梅，门一打开香气就往我的鼻孔直钻。我抬头一看是他，一下子变呆了，竟忘记了下床迎接。他看我坐着没有动静，笑着问我说："我可以进来吗？"经他这一问，我才如梦初醒，口里回答："当然可以。"两只脚才慌忙踏下地来。

我问他怎么会忽然跑来的。他说因为一连熬了几天夜，火气上来，整口牙齿都肿了，特别请假来医牙的。我一听不禁笑着说："原来又是来医牙的！我真高兴你的牙病又发了。希望你以后多病几次牙，以便我能常常看到你。"他也笑着说："好狠心的小姐，你这不是把自己的快乐建筑在别人的痛苦上吗？"我回答说："当然，人是自私的,你不痛苦我就痛苦了呵!"听我这么一说,他赶快走过来握着我的手说:"说真的,霞,我真是对你不起,你能够原谅我吗?"

"不原谅你我又能怎样?可是你要我原谅你多久呢?"

他半晌无言,我也不再说什么。

这次,他在成都住了一星期。

他离去之后,过了年我就搬到华西坝去住了。原来在第一个学期快结束时,金大的柯教务长来草堂寺看我,约我到金大去任教。我对他说我是光华毕业的,不好意思辞掉此地的教职去别的学校任教。他说我可以不必辞,两边兼顾好了。起初我觉得不大好。等到向别人一打听,才知在那个时候几乎每个教授都是同时兼任几个学校的教职的,愈是名教授兼得越多。一个人同时兼几个学校的课自然是很辛苦,但主要的原因是那时的大学教授待遇很差,只教一个学校,收入不够养家。记得当我拿到第一个月薪金时,我把全部的钱寄去重庆请绮嫂替我做几件蓝布衫。半个月后她寄来两件蓝布衫和一封信,信上说:"你寄来的钱刚好够买一件蓝布料子,另外一件是我以前存的,至于工钱为数不多,我替你代付了。"

看了这封信我曾经慨叹地对一位朋友说:"如果人家问一个大学教授何价,我的回答是一件蓝布衫!"

一个大学的专任教授薪金既然只能购买一件蓝布衫,

教三个大学也不过值三件蓝布衫，在这种情形之下，还有谁会去责问那个兼任几校教职的穷教授呢？我明白这种情形之后，也就欣然接受了柯先生的邀请，答应去金大任教。后来他在送聘请书给我时，发现我的房间太潮湿了，就提议我还是搬到华西坝去住，因此在第二个学期开始我就搬去了。其实金大在华西坝也是作客，那是华西大学的校园，因为同是教会学校的关系才借住在那里的。我住的那间房间并不大，但是有地板，有玻璃窗，有卫生设备，比较我在草堂寺的那间是高明得多了。

这时已是一九四五年的春天，从这时起好像一切都在好转，不但国内各战场一律打胜仗，我远征军且已打通中印公路，重新开拓了国际通路，而欧洲战场则已胜利在望。继意大利的墨索里尼投降不久，希特勒也因盟军兵临城下，确知胜利无望而自杀了。在欧洲战事已告胜利结束之后，美国人眼看他们在欧洲的弟兄已在纷纷作归计，对于远东的战事也不想再拖延了，就毅然决然地在日本的广岛和长崎前后丢下了两颗原子弹，一下子杀死十几万人，至此日本朝野都觉醒了，他们明白不但所谓大东亚的迷梦已做不成，如再打下去恐怕要亡国灭种了。于是日本天皇于八月十四日那天正式向全世界广播，愿意接受《波茨坦宣言》，向盟军无条件投降。在我国民政府表示接受日本投降要求之后，日军在我国各地立即停止敌对行动。最后蒋公派何应钦上将为代表,于九月九日在南京受降,南兄等几个战区司令长官分别在各指定地点分区受降。八年的艰苦抗战终于获得最后的胜利。当日本宣布无条件投降的时间,绮嫂带着丽儿和我一同在成都。她们是七月初来的。因为到了那时离我回国的日子已有一年多了。在重庆有许多人是知道我和南兄的关系的,最初他们以为我一回来就会结婚的,但日子一天天过下来,我的喜讯始终没有传出,他们从期待变为怀疑,又从怀疑发展到散播谣言的阶段了。许多自以为关心我的朋友纷纷到绮嫂面前去说闲话,有的说南兄变心了,有的说他从开始就是对我无诚意的,有的说当我在国外时他就已经有别的对象了。绮嫂自然不会相信他们的谣言,但听多了总不好受,于是就写信和大哥商量好,决定带着女儿到成都和我一同度暑假。本来一年来的孤独生活我已经有点害怕,她母女能来我自然高兴极了,所以就在城内一个朋友处借到两间房子,和她们一道住在那里,姑嫂三人相依为命。

日本投降的消息传出的那晚,我们姑嫂正在灯下下跳棋,当两人各自在聚精会神地计算着怎样一下可以跳出四五步的时候,忽听得门外人声鼎沸,鞭炮声大作,起初还以为是附近人家做喜事,后来听听好像到处都在燃鞭炮就觉得奇怪了,绮嫂就说让她出去看看。她去了一会儿,就急急地跑回来说:"二妹,日本投降了,我们胜利了!"

"真的吗?"我马上从椅子上跳起来。这时隔壁张家母子,后面徐君夫妇都到我们这里来了,大家都兴奋得不得了,有人提议喝酒庆祝,大家一致附和,就各人凑了一点钱由张家弟弟去买酒和卤菜。一会儿酒和菜来了,大家就你一杯我一杯地庆祝起来,像我这样从来不喝酒的人也喝醉了。

　　第三天,我们就飞回重庆了。接着,大哥、二弟、三弟都从不同的方向回到重庆团聚。在最初的几个星期大家着实高兴了一番,但等到兴奋的高潮都过去之后,等到许多下江人都已摆地摊卖完了破烂东西纷纷飞返家乡的时候,我们才开始奇怪怎么南兄还不来实践诺言。我曾写过几封信去试探他的意向,他来信都是顾左右而言他,这却使我迷惑了。直到有一天,大哥一位朋友从西北回来,我们才知道他的处境是那么地为难。那位朋友是知道我和南兄的关系的,他以为我对西北的情形一定很清楚,所以一见面就很自然地问我说:"叶小姐,你们学校什么时候复员?"

　　"还早呢,大约要到明春了。"

　　"那么你还要回成都了?"

　　"是的,下个月开学就要回去。"

　　绮嫂听了我们的对话觉得有点奇怪,就插进来问那位朋友说:"张先生,西北的情形怎样? 那里也在准备复员吧？"

"复员？才不知等到何年何月呢！"说着他向大哥看了一眼，压低声音说，"怎样？你们不知道？那里的情形糟透了。现在北方的情形已经非常危急，上面叫赶快派部队北上，而所到之处又阻碍重重。胡先生急得像热锅上的蚂蚁一般，情势如此又有什么办法？"

听了他的话，我凉了半截，真是一波未平一波又起。如此下去，我们什么时候才能团聚？于是我问他是不是就要回去。他说："不回去怎行？现在大家的眼睛都在看着那边了。"说着从西装袋里抽出一本杂志，指着上面一个题目对我说："这是朱经农先生送胡先生的诗，你读了对目下的情形也会了解一点了。"我接过来一看是一首七律。原文如后：

> 年来常抱忧时意，歌颂声中一惘然，
> 海上风云观世变，耳边和战警愁眠；
> 天山时见南来马，辽沈空归北去船，
> 闻道龙城有飞将，可能万里靖狼烟。

自从张先生来过之后，我对报上的新闻更加注意了，从字里行间，慢慢地觉察到那里的情况果然复杂，看样子南兄果真一时无法走开了。

实际的情形如此，但一般人是不了解的，那些对我关心的人，又开始在预测着我的结婚日期。他们说，抗战期内既不结婚，现在抗战胜利总应该结婚了吧？难道他要你等一辈子吗？过了些日子，他们看看仍无动静，有人就向大哥提议，教我死了这条心，不要把大好青春虚度了。我知道之后，又气又恨，觉得人的嘴巴实在太可怕了。有一次兰姊请我吃饭，座上除了我和兰姊外都是男客，其中有几位是不认识的，席间不知是谁忽然提到南兄，于是大家就拿他做谈话资料了。有人问："他今年多大了？"旁边的人回答："恐怕有四十多了。"又有人问："听说他到现在还没有结婚，真奇怪。"另一人说："这其中一定有他的道理。"兰姊怕他们再说下去会说出更不中听的话，连忙接下去说："他一直在打仗，当然想不到私人的事，这并没有什么稀奇。"坐在她左面的一个戴眼镜留小胡子的人忽然哈哈大笑地说："大嫂，这你就弄错了，人家不结婚并非因为职务在身，而是无能为力呀！"大家一听，有的问："真的？"有的说："不见得吧？"那小胡子觉得他的话很受人家的注意，就更说出许多下流的话来了。我坐在那里，起初还能勉强忍耐，到了这时实在无法忍受了，只对女主人说了一声："我头痛，要先走一步。"站起来就往家里跑，跑进房里就伏在枕头上伤心痛哭。不到五分钟，兰姊赶来了。她对我千赔不是，万赔不是，她说这个人是她先生约来的，她自己不认得他，早知道这样她绝对不会请他的。后来我才知道这人本来就是一个失意的三流政客，大约是过去在西北碰过壁的。

之后不久，绮嫂先飞南京，转道杭州回去接母亲她们，大哥因公仍留重庆，两个弟弟各回防地待命，我也回到成都继续教书。从这时一直到次年五月回南京我都没有机会和南兄会面，不过我们信件来往仍然是很密切的。他不但常常有信来，也常常为我写诗，有时还给我写英文信。有一次他想到他父亲在上海养病时因他尚未结婚而对他痛责，心里非常难过，于深夜三点钟起来给我写了一封长达十页的长信。我深深地了解他的心情，我俩生不逢辰，遭到这种种阻难，谁又能怪谁呢！

到了一九四六年春天，光华大学成都分部改为成华大学，由川人接办。金大则提前于四月间结束，五月间全部复员到南京。我决定随金大复员，就从重庆搭机直飞南京。到了南京才知道绮嫂已把母亲及小弟妹接到上海，就连夜坐车赶往上海。当我在上海法租界一个公寓的八楼和一别十年的慈母相见时，只叫了一声"妈妈"就倒在慈母的怀里了。十年是多么悠长的一段岁月，何况又经过了这么大的动乱！十年来多少个寂寞的黄昏我怀念着家里的慈亲，多少个无眠的寒夜渴望着能有一个机会再接受慈母的爱抚。十年来，我处处装坚强，可是我内心是多么脆弱,我是多么需要在慈母的怀中尽情一哭呵!我把头埋在母亲的膝上号啕大哭,哭个不停,眼泪就像急流的泉水一般无法收止。绮嫂怕妈妈给我缠得太累了,拼命在我耳边叫着,要我忍耐,不要太任性,但是我总是停不下来。后来她在我耳边轻轻地说:"你这样哭,使妈妈怎么受得了?你没看见,她已经瘦成这个样子吗?"

是的,我也发现妈妈已经瘦得多了。十年前,当我送她和父亲上火车时她老人家是一个又白又胖的富态样子,现在已经变作一个又老又瘦的干老太婆了。这十年的艰苦生活,尤其是敌人占据家乡那段时间的磨难以及父亲受磨折而死的悲伤,把她磨得变成这个模样了。可怜的妈妈,女儿苦,妈妈不更苦吗?

那晚我和母亲睡在一床,当我睡在妈妈旁边,把头埋在妈妈肋下像小时候一般睡着时,妈妈抚着我的肩问我说:"霞,告诉我,你认为××绝对靠得住吗?"我迅速而肯定地回答说:"妈,您放心,他是绝对可靠的。"妈妈轻轻地说:"这样就好了!"

在上海玩了几天我们就全家回南京了。我是金大的专任教授,学校给我配有宿舍的,可是过去两年的宿舍生活使我有点害怕了,因此我决定住在家里,再在慈母跟前享受一点温暖。这时大哥已替我们在吉兆营找到一座房子,虽然不怎么宽大,但我们已经很满意了。接着二弟、三弟也陆续回到南京。兄弟姊妹七人中除了大姊之外又都聚集母亲跟前。经过了这样大的灾难，一家大小还很无恙地团聚在一起也真算幸运了。这时我的心境已比以前开朗，生活也愉快得多。我家离学校很近，几分钟就走到了，我有课的时候去上课，没有课时陪妈妈聊天，日子倒也很好过。

可是南兄的日子却不好过，这时东北的局势很紧张。西北方面，李先念部向前积极推进，到了七八月间已经越过南阳新野，一部分且已行至太华山附近。南兄率领的部队苦苦抵抗，直到十月西北局势才重新趋于稳定。

十一月下旬的一个晚上，我们一家人正在客厅里围炉谈天，忽然电话铃响了，小弟去接听后放下听筒出来对我说："叶教授，你的电话，是个男人打来的。"

我拿起听筒一听，居然是那个熟悉的声音，只听他说："喂，我是下午刚从西安飞来的，你有空吗？有空我马上派人来接。"自然有空，我还有比这更重要的事吗？放下听筒我连忙上楼去换衣服。妹妹看我那匆忙的样子，从后面追上来说："姊姊，是不是那个捧玫瑰花的人打来的？"我点点头。十年前，他第一次到上海来看我，亲自捧来一盆玫瑰花的事，在我们家里已经成为一个愉快的故事了。

这次见面在上海路，我一进去他就把我迎到客厅，在那明亮的灯光下，我发现他仍然是那么红光满脸，英气勃勃,生龙活虎。他走到我面前,双手按着我的两肩,把我从头到脚看了一遍,爽朗地笑着说:"没有变,一点都没有变!"我笑着回答:"怎么,一年不见,你以为我会变成个老太婆了?"他说:"一年?我以为是一世纪了呢!"

我们亲热了一会儿,他就走到里面去拿出一瓶白兰地酒,两个酒杯,把酒倒得满满的,然后对我说:"来,我们来干这一杯!"我觉得很奇怪,过去我们从来没喝过酒的,为什么今天忽然要与我对饮,就问他说:"怎么今天一见面就要喝酒,你知道我不会喝酒的。"他说:"你来好了,不喝完没有关系,我是有用意的。"于是我只好走向前去。他把一杯酒递到我手上,举杯对我说:"来,我们来饮这杯酒,预祝我们成功!"我喝了一口,他却把一杯喝干了。接着再斟上一杯继续说:"再饮这一杯,预祝你幸福!"把手上的酒又一饮而尽,再酌第三杯,把酒杯高高地擎在手上,两眼发光,慷慨激昂地说:"请干这一杯,我向你保证,我将以这次的'战果',来作迎亲的聘礼!"

对着此情此景,我还有什么可说,举起手中杯,一饮而尽,放下杯子,他凝视着我,我凝视着他,两人的眼中都充满泪光,他终于向我做最后的保证!

那是一九四七年三月二十日,我怀着轻松而愉快的心情,踏着初春的朝阳去学校上课,正要过马路时,一辆飞驰的脚踏车在我面前驶过,那骑车的孩子口里高声叫着:

"号外！号外！"随着他的叫声我抬头望去，只见他已被一个路人叫住，在向他购买。想着时间还早，也跑过去买一张，随手展开一看，我兴奋极了。把那短短的消息看了又看，才知道南兄已真的完成了他的计划，他的部队已于三月十九日下午五时进入延安城。

那天我不知道怎样在教室里把那三小时度过的，最后回到家里，一家人都已知道这消息，大家议论纷纷，说个不停，打开收音机，里面尽是这方面的新闻，南兄的名字，一遍又一遍地被提起。我真开心极了。

过了几天，南兄办事处的徐先生来了，他带给我一张电报，上面只有五个字"请即飞西安"。徐先生告诉我，早上西安已来过长途电话，程先生已动身来接我，下午二时可到，他已替我们订好明天的飞机票。

展缓了十年的喜讯终于传来了，虽然来得这么晚，但既来了，就是再缓一刻也嫌太久了，徐先生一走，我们一家人就乱作一堆，妈妈说要打长途电话去叫大哥来送我。时间这么迫切又哪里来得及呢，好在有人护送，也就算了。下午我匆匆地出去买了一双鞋子及一些应用物品，第二天一早由三弟和兰姊的丈夫魏先生送我到明故宫飞机场。我们到时程先生已在等着了。我们于上午九时起飞，下午二时多抵达西安，先在程先生家休息一会儿，略为梳洗，就由程先生夫妇陪同去兴隆岭，当车子驶入那古柏参天、牡丹满园的兴隆岭大厅前时，我那位将军已经军装笔挺佩带齐全地站在那里等候了。车子一停下来他就笑嘻嘻地前来迎接，他对我说的第一句话就是："婚礼马上可以举行了。"于是挽着我走进礼堂。

礼堂里的客人只有八位，六位是证婚人，两位是介绍人。当我和他并肩站在那铺着大红桌布的桌前，在烛影摇红下静听着证婚人宣读结婚证书时，我的心充满着爱与喜乐，当那位慈祥的老人，宣布我们两人结为夫妇时，我轻轻地透出一口气，呵，这漫长的一段岁月总算挨下来了。

甘苦之间 /

三天的蜜月补偿了十载的相思。在那新婚的日子里，我俩是完全陶醉在爱情的芬芳里了。从早到晚两个人都相依在一起，散步、赏花、品茗、论诗，他真是个温存体贴的丈夫。他那醇厚的爱，滋润了我的整个心灵。他的每一句温言都会使我的心弦颤动，他的每一个眉语，都能使我两颊泛红，这时，我真正体验到"蜜月"这两个字是如何地甜蜜！古人有"只羡鸳鸯不羡仙"的话，我们确有此感！

可惜，良辰苦短，三天的日子一下子就过去了。婚后第三天的下午，南兄进城去了一趟，回来后就对我说："我最近要离开西安，只好明天先送你回南京去。"听了他的话，我一时竟说不出话来，那本已挂在脸上的笑容，立刻冻结住了。虽然我早就料到我们蜜月的时间不会太久，但像这样的短促也是没有想到的。慢慢地，两行热泪从眼角挂了下来，嘴唇抽搐着，想说话却发不出声音，我太失望了。他看到这种情形，连忙到房里去拿出一副扑克牌，装着若无其事地对我说："来，我们来玩桥牌，你昨天不是说要大赢我几手的吗？看你今天的本领怎样。"我知道他是要冲淡我的离愁，虽已无心游戏，也只好默默地在他对面坐下。

第二天，我们于清早四点半钟起来，五点多钟就离开兴隆岭了。那时天还没有大亮，车子在晨雾迷蒙中悄然前进。驾车的不是南兄平时的司机而是那位年轻干练的夏参谋。夏君是南开大学毕业后又曾在美国研究电机的。他的父亲是陕西的富绅，也是工业界的前辈，在上海办有一所工业专科学校。他因为佩服南兄的为人，所以当他的这位长子学成归国后就把他交给了南兄。南兄对这位英俊有为的青年也很赏识，任他做自己的随从参谋，到哪里都有他在一起。那个早晨，我实在无法掩饰这新婚乍别的苦痛心情，一路上含着眼泪，默不作声地靠在南兄的身边。他看我那么难过，就故作轻松地说："哎，你看这一路的风景多美，我最爱在晨雾中散步，这朦胧的美，别有一番风味。"

听了他的话，我勉强抬头向外看了一眼，觉得沿途只是灰茫茫的一片，一点也没有意思，就又恢复到原来的样子。过了一会儿，他又高声地说："看你，为什么老是这样闷闷不乐，你应该高兴才对，你想你多神气，有夏参谋给你开车，我给你做卫士。"这时，我才注意到原来前面的司机换了人。我怕他笑我撒娇，只好强打精神坐直了身子，但是对于沿途的风光我仍是视若无睹，直到车子进入长安机场，才勉强镇定下来。

飞机于七点钟起飞，下午一点钟到达南京，明故宫机场一切如旧，而我却换了一个身份，当那位来接我的办事处人员，对我恭敬地叫了一声"夫人"时，一阵羞喜袭上心头,这十年的等待好像也不算太长呢!

回南京之初,我仍住在吉兆营的家,直到一个月后,租到上海路的房子后才搬过去住。那时我们结婚的消息仍然很少人知道。因为国内局势紧张,我们不愿以私事惊动亲友,结婚那天南兄曾再三地要求参与婚礼的人保密。不过对于我自己的几位同事好友我以为实在不应该再隐瞒了,回去的第二个星期天就邀请了金大的柯教务长、程文僖博士、李美容博士、陈竹君教授、燕大的吴其玉院长夫妇以及教育界的另外几位朋友,一同在兰姊家聚餐。最初这些客人还不知道我为什么请客,直到吃饭的时候,魏先生放了一张结婚进行曲的唱片,然后把我的结婚照片给大家传观,他们才恍然大悟。于是大家纷纷向我道贺,文僖和美容两位,因为事先没给她们知道,还狠狠地埋怨了我一番。不过,最后大家还是答应替我保密,等到各报登出我们结婚的消息那已经是四五个月以后的事了。

记得最先登载这消息的是上海的《申报》。那是一则短短的简讯,只说胡某某已于某月在某地和金大女教授叶女士结婚。第二天,《中央日报》一位女记者根据这则消息去金大访问,但翻遍该校教职员名册却无姓叶的,于是就跑到金大向柯教务长探听,柯教务长得知她的来意之后,笑着回答说:"我们确有一位姓叶的女教授,不过她是不是你要访问的那位我就不知道了。"这位聪明的记者听见他这么说，马上就抄了我的地址，冒充金大的学生求见。我以为真的是学生来见，立刻从楼上下来，她一看见我，就递给我那份报纸和一张《中央日报》记者的名片，我先是一惊，接着就告诉她我不知道这件事。她又问了我一些有关我在金大教书的事，最后她对我说："叶教授，那么我给您登一则否认的声明好吗?"我毫不迟疑地回答说："那又何必呢!"于是她笑着说："这样您是承认了?"我还想解释，可是她已经飞一般地跑出了大门了。

晚上，《中央日报》的马社长打电话来问我要照片，我知道他的用意，告诉他我身边没有照片。他笑着说："你那边没有，我却有一张，只是照得不大好，如果你不介意，我就拿去派用场了。"这时我才记起在不久之前我和他一同参加过一个婚礼，他是证婚人，我是介绍人，当时曾和他夫妇一同拍过一张照片的，于是我再三地请他不要把那照片拿去用。他的回答是："让我和记者先生研究研究，如果他们同意就不用。"我知道那只是外交辞令，果然，第二天的《中央日报》上，不但登了那位女记者的《胡××夫人访问记》，后面还附上我那张呆头呆脑的照片。这篇报导立刻为各地报刊转载。有些小报还加油加醋地添上许多离奇的资料，一时我竟成为新闻人物了。

就在这个时候，南兄却在陕北与共产党的军队作战。最后竟功亏一篑，而有后来的失败。这时南兄心情极为沉重,常常整夜不睡,在十一月中旬的一个早晨,他独自骑着一匹小红马在小雁塔奔跑,因为想到前方的军情,苦思对策,一不注意竟从马上跌下来了。这一跤可跌得不轻,当时就失掉了知觉,直到二十四小时之后才醒回来,醒来之后就发高烧,情况颇为危急,两个星期之后才慢慢稳定下来。后来据主治的医生说,幸而他的体格素来强健,而他的生命力又强,不然可能就此完了。不过,后来他的心脏病也许就种因于此。

他坠马不久我就进入鼓楼医院待产,家人怕我知道了影响情绪,就没有告诉我,直到产后一个星期,才从一位来医院看我的朋友口中无意得知,那时他已扶伤在办公了。但是我听见这消息后心里非常着急,写信去要他把经过情形告诉我,他回信却说:"略受小伤,早已痊愈。"

在圣诞节的前夕,他因公回南京,当他晚上回家的时候,我那在中央大学念书的小弟正在房里陪我,听见汽车声音,连忙跑出去看,刚走到楼梯头就看见他上楼来了。他上得楼来就大踏步地走进房里,口里嚷着:"我们的新妈妈身体可好?"我笑着指指旁边的小床说:"我很好,快去看看你的儿子吧!"他走近一看,很得意地笑着说:"这小家伙蛮漂亮的嘛,我看倒有点像我呢!"听他这一自我吹嘘,房里的人都笑了。

等到家里的人都退出去后,他坐在床边和我谈家常,我的手无意中摸着他的背，这一摸使我大吃一惊，他的背上硬绷绷的像是绑着什么似的，我问他那是什么，他说是膏药，我说："膏药？你信上不是说只是小伤早已痊愈了吗？"他认真地说："这点伤算得什么，我不能因此就自我怜惜起来，不做事了呀！"

"可是你这并不像小伤呵！"于是我要求他让我看看伤处，他拗我不过只好解开衣服，我一看竟心疼得眼泪都掉下来了，原来他前胸后背整个身体都是贴着膏药的。事实上他这次不但胸骨连内脏都受了重伤。本来医生要他最少休养三个月的，而他竟不到三个星期就起来办公了。当他和我讲话时胸口还在隐隐作痛，相信在和人谈话或主持会议时一定更痛苦了。后来小弟告诉我，看见他上楼时就是佝偻着走的，但上得楼来就装作精神充沛、步履强健了。他这种强忍痛苦的能力后来也发挥了好几次，据说有一次是在七分校演讲，那次是骑马伤了脚踝，他不顾一切带伤在讲台上讲了两小时，等到讲演完毕，那条小腿已肿得和大腿差不多粗了。有一次是在台北，他坐吉普车去赴宴，途中因为前面的车子急刹车，撞上他的车子，他的一只脚受伤，却仍令车子前进，按时到达宴会地点，吃过饭后并照常上车离去，但当回家时，已寸步难行不能下车了。

一九四八年实在是对国民政府极为不利的一年。就以西北地区来说，从正月开始情况就不乐观，尤其是在陕北,局势更为紧张。南兄于一月中旬飞往延安,一到那里就往宜川、洛川等前线视察,指示机宜,冒零下的严寒,昼夜奔波,盼望挽回劣势。无奈各种因素都对国民党军队不利,加以天时地利的不顺遂,竟于三月一日再度丢失宜川,而刘戡、严明亦于此役阵亡。四月二十七日宝鸡失守,徐保将军又重伤不治。南兄悲愤伤心万分,等到宝鸡又失守,徐保将军又再战死后,他简直要发狂了,几夜都没有合一下眼,在他的办公桌上只写下四个大字:"痛心何极!"

而在这一年当中,我们在南京的生活也颇不容易,南兄很少顾到我们。他自己生活素来简单,同时又无暇顾到物价的变动,所以给我们的家用极为微薄。最初半年,靠着我过去的积蓄,生活还可勉强过得去,到了下半年,我的积蓄用完而南京物价波动得极为厉害,我们的日子就很不好过了。我既知道前方军事失利,南兄情绪很坏,自然不愿以家庭琐事去烦他,况且那种知识妇女的自尊心,也使我不好意思老是向丈夫去伸手。但是生活是现实的,一大家人不能不吃饭,而刚刚半岁的儿子也难免时常有伤风咳嗽等小毛病必须看医生吃药。有一次广儿发高烧我们竟无力去看私人医生,不得已打了一个电报去西安:"儿病无药医,家中要断炊,奈何?"夏参谋看到这个电报着急得不得了,偏偏不巧,那时南兄又不在西安,他只好拿这个电报去看管钱的人,他们就先汇了一点钱来。南兄回去后知道了这件事，认为夏参谋不应该以他家庭的私事麻烦人家，把他训斥了一顿。后来物价越涨越凶，我们家的生活愈来愈困难，有一天在家里服务的副官来向我辞行，说要回去西安，我问他为什么要走，他满眼含泪地对我说："物价上涨得这么快，府上没有隔宿之粮，我怎忍心再在这里吃闲饭。"

那年秋天我到西安去住了几天，曾经把物价波动太猛，家用困难的情形告诉南兄，希望他以后能为家里准备点实物，他皱着眉头回答说："怎么你们老是觉得家用不够，你知道我们家的费用已比普通的薪饷高好几倍了！"可笑他并不知道那时的生活标准和待遇是多么脱节，一个士兵的薪饷，到后来连几个烧饼油条都买不到了呢！不过那时他已经发现生活所给我的磨难，在十月的一页日记上曾有一段记载："叶夫人午后到达，初下车觉其颓唐苍苦状甚清寒，似已禁不起南京之物价及生活之压迫矣！"

自从这次见面后，他给我们的家用虽仍以士兵的薪饷做比例，但有便人来也会给我们寄点实物，如手巾、白布、黑米（陕西特产）等。有一次他给我们寄来一个包裹，我叫人去邮局领回时竟是一只旧皮箱，打开一看，里面是一箱灵宝红枣。我们虽觉得可笑，但灵宝红枣是西北名产，得来也真不容易，于是我们就想法去买到一点糯米，天天以糯米红枣稀饭当晚餐。有一天小弟来家看我，晚餐时看见桌上什么都没有，只有锅里一锅糯米红枣稀饭，他皱皱眉头问我："姐姐，这就是今天的晚餐吗？"

"是的。"

"还有什么菜？"

"什么菜？这稀饭是甜的，哪里用得着别的菜。"

"那真糟糕，我实在吃厌了！"

"怎么，你只是今天才来，怎么吃都没有吃就说厌了呢？"

于是他告诉我，这一个礼拜来，他们学校里每天早上都是吃的莲子、红枣、糯米稀饭。

这个时候各方的战讯都不顺利，南京人心惶惶，有的说共产党军队马上就到，有的说年内必有问题，许多有办法的人都已开始疏散，纷纷向上海、广州、重庆等地出发，铁路机场都已挤满了旅客。十二月初的一个下午，我手腕里夹着一大叠书从学校回家，开门进去，女佣说徐处长和另一位客人已经在客厅等了很久，进去一看，原来是徐、程两位。一见面徐处长就交给我两张飞机票，并带点劝说的口吻对我说："最近南京情况紧急，一般政府要员已把家眷送走，许多老百姓也都在疏散了，京沪路的火车挤得不得了，有票也找不到座位。这里是去上海的两张飞机票，请夫人和小弟明天一早去机场搭机飞沪。"

我一听，心里颇为生气，觉得实际上南京还是好端端的,他们这样急干什么。就向他们说:"你这是什么意思?难道说要我们马上去逃难吗?我不去,你放心好了,南京是不会丢的。"

于是他又陪着笑脸说:"是的,目下的情形还不太糟,但时局变化起来很快,万一前方再打个败仗,南京就危险了。那时候恐怕要走就不容易了!"

"相信不至于这么快,明天我决定不走,我在学校上课上得好好的,怎么可以这样不顾一切放下就走呢!"

程先生插进来说:"学校的事等一会儿去交代还来得及,我们希望夫人明天一定要动身,小弟这么幼小出门很不方便,将来如买不到飞机票,要挤火车是没有办法的,万一到时候发生问题教我们怎样向胡先生交代?"

我知道他们是怕将来麻烦,把我们送走了就安心了。可是我不相信南京是真的会丢的,说什么也不肯答应离去。他们无可奈何,就说晚上再来商量。哪知就在当晚,我的一位好友和她那位在中大任教的先生来找我了。他们托我替他们买去上海的火车票,据说他们的同事已走了大半,他们觉得非走不可了。白天去下关买火车票,站了一天都没有买到。给他们这一说,我的心倒开始动了。等他们一走我就赶快去学校和柯教务长商量。出我意料的,他也劝我立刻走。他说:"反正上海南京之间距离很近,如南京情况稳一点时你随时可以回来的,事实上本校的学生已走了大半，你就先请两个礼拜假再说吧！"

我认为他的话也对，上海又不是天涯海角，去了随时可以回来的，就决定请一位同事暂时给我代两星期课，明天先把孩子送到上海去再说。这样于次日一早就带着广儿乘飞机飞往上海，当时是想在短时期内一定可以回去的，哪知道这一别竟会到十八年后的今天还是没有归期呢！

那时母亲、小妹和大哥一家都住在上海法租界的赵主教路。他们住的是一幢三层楼的洋房。房子宽敞，陈设古雅，颇有气派。我们去后，绮嫂把我们安顿在三楼，和母亲、小妹住在一起，母亲她们住正房，我母子住左边的一间。母亲最爱广儿，那一段时间，孩子差不多都是母亲替我照顾的。

我们在上海住了将近三个星期。在圣诞节前夕，汤先生轻车简从到赵主教路来看我，说南兄有信托他照顾妻儿，已替我母子在明晚开台湾的中兴轮上订好一个房间，他的家眷也和我们同行，路上一切他们都会照顾我的。他们这一切的安排，我除了表示谢意之外没有别的话说。我知道南兄和他的交情，汤先生也知道自己所负的责任，既然他要我和他的家眷同行我还有什么犹豫呢。在圣诞节的晚上我就随汤太太一家来台湾了。

西北战场的情形也不乐观，南兄的情绪自然很坏。在平时他都不大知道怎样照顾家庭的,在那个时候他自然更想不到我们会遭遇到什么困难了。他以为只要把我们托给朋友,问题就完全解决,而忘记了人还是要生活的。现在讲起来只觉得可笑,在当时却并不是轻松的事。他把妻儿交托了之后竟忘记了给我们零用钱,可怜我初到台湾人地生疏,又带着个才满周岁的孩子,汤太太虽然对我像亲姐妹一般,但无论如何我总不能开口向她借钱,而南兄又远在西安,虽然我一到就写了信去,但要汇钱来总得有一两个礼拜。所以在刚到台湾的那几天,我的日子过得实在是窘迫极了。当时台湾各界首长几乎都是汤先生的友好,汤太太一来大家就排日款宴,我既和她同来,不论识与不识都给我一个帖子,我心里是万分地不愿意带着孩子去赴宴,但不去又怎么办。汤太太很爱广儿,无论去什么地方都要广儿坐在她旁边,我为了照顾孩子自然也只好挨着她坐,有些不大清楚我们的陪客还以为广儿是汤家少爷,而我只是带少爷的保姆呢!

正当我带着孩子,寄人篱下,一筹莫展的时候,报上却传来南兄到达南京,并追随蒋公于元旦在中山陵谒陵的消息。阅读之后我伤心痛悔,早知他这么快就会南来的,我为什么要这么糊里糊涂地就跑到这陌生的地方来?那天我流着泪写了一封长信给他,请他赶快接我回去或替我们往后的生活做个安排,但那信到时他已飞返西安,直到农历年前他才收到我前后给他的信而觉得有和我面商往后计划的必要，于是打电报来托人替我买了一张飞机票，接我去过农历年。我是一九四九年一月二十六日去西安的，在那里住了五天，于三十一日飞返上海，从上海搭中兴轮陪同母嫂重返台湾，这是我在大陆所过的最后一个农历年。

当我在西安时，南兄对我格外地温存，格外地体贴，因为他已经深感自己的疏忽，觉得有些对不起我了。我呢，本来是有满腹的委屈和无限的怨愤要向他发泄的，可是看他对我那么好，又只得把那些怨言悄悄地埋在心底了。事实上，当那烽烟处处、战鼓频催的时候，夫妻俩还能有这么一次暂短的聚首也真不容易，我们哪里还舍得把宝贵的时间拿来用在无谓的话题中呵！那次临别时他给我带了一点零用钱，并替我打电报给台湾的一位朋友，请他替我们租两间独院的房子——可惜又忘了给人家汇钱！

不过当我再次回到台北时情形已是好多了，这次有母嫂同来，并且副官一家也到了，孩子有人照顾，我可以抽身出来安排一切。刚巧这时有一位以前在西安东仓门任会计的某君调差至基隆，可以把他在仁爱路的房子让我们暂住。他觉得房子太小，怕委屈了我们，而我却已是喜出望外了。

我们在仁爱路住了将近一年，那时的台湾省政府主席是陈辞公,辞公和他夫人对我们都是很照顾的。有一天陈夫人刚好在我们那里谈天,广儿午睡醒了,摇摇摆摆地从房里出来,一不小心从那狭窄的走廊跌到院子里去了,孩子的哭声把我们都急坏了,那时陈夫人就说这房子太小,建筑又不适用,对孩子太不适宜。几天以后省政府就派人来和我说,浦城街有几幢新盖好的房子要我去选择一幢搬进去住,后来我们就搬到浦城街现址,一直住到今天,辞公的德意使我夫妇万分感激。

在仁爱路的这一段时间,我们的生活艰困如故,家里除了我和广儿外,只雇了一个小女工帮我烧饭洗衣。那时我极少外出,只有每天下午广儿睡醒后带他去外婆家玩一两小时,母亲和绮嫂她们住在新生南路一段,通常我总是牵着广儿从杭州南路穿过济南路步行去的。后来我们认识了老虎将军夫妇,我就不大从济南路过而从新生南路绕道去了,原来他们夫妇有散步的习惯,常常在下午四五点钟就在他们济南路寓所的门前散步。我带着广儿上外婆家总是碰见他们的,那时我已发胖,过去的衣服不能穿,唯一可穿的衣服就是那件咖啡色的泡泡沙旗袍,一种女性的自尊心和虚荣心,使我不愿在一位新认识的朋友面前继续以同一服装出现。几年以后,我和王太太已成为好朋友,有一次偶然提起这件事,她笑着说:"那真太冤枉了,你知道我是近视眼,记性又差,哪里会记得你每天穿同样的衣服啊!"

我们的困难情形慢慢地给西北的同人知道了,也有些人提议要替我去向南兄说明的,但因为那时大陆局势已愈来愈复杂,我不愿再以家庭小事去增加他精神上的负荷。他过惯了简单粗劣的生活,想不到妇女小孩还有更多的需要的,他想士兵可以过的生活为什么我的太太不能过呢?在他想来,我们有两间房子住,有饭吃已经是够幸福的了。事实上我也真不觉得这种日子不易过,只有一次因为发不出女工的工资使我感到难堪。那次是因为广儿病了,我把家用的一部分挪去给孩子看医生买药了,当女工到月该付工资时,离办事处送家用来的日子还有几天,我想大约欠几天不要紧,就没有另外去想办法,哪知过了两天女工竟提着一个包裹来向我辞职不干了。我问她做得好好的为什么要走,她两眼向天一翻,翘着嘴唇轻蔑地对我说:"你们付不起工钱我还做什么,我又不是给你们白做的!"

我气得脸都白了,半天说不出一句话,最后我请她等我一个小时,马上跑到绮嫂那里借钱来把工资付清了。从此,我发誓不拖欠女工一天的钱!

我在台湾受的这一点点小气和南兄在大陆所遭遇的烦恼比,那真是微不足道了。自从一九四九年一月间蒋公离京飞返奉化,由李宗仁代行职权以后,大陆政局简直如土崩瓦解,一塌不可收拾:淮海战役失败,黄百韬、邱清泉兵团前后覆没，南京于四月间失守，上海于五月间放弃。这时西北方面的形势更为不利。南兄认为只有移师汉中，集中力量与共产党军队作殊死斗，于是就于五月十八日离开西安，在汉中独力苦撑，精力交瘁。

南兄本人于十一月二十九日从汉中坐汽车赶到绵阳，三十日到达成都，到了十二月二十二日成都情况已极危急，勉强维持到二十三日清晨，空军徐司令再三催促，在万分无奈的情况下，含泪登机。

南兄当时的意思是想飞向西昌的，后来因气候关系另向南飞，最后降落在我国极南端的海滨三亚。那晚风急雨骤，海涛狂啸，南兄在身心都极端疲乏之下，孤单单地处在这陌生的地方，深感悲愤与耻辱，绕室徘徊，一夜都未合眼。第二天，台湾方面已得到他到达三亚的报告，一架专机送去他的几位好友。其中有一位认为南兄个人的前途已经完了，劝他从今以后不必管事。最好是隐遁海外，自己认输。南兄听了之后，心里悲痛已极，等他们离去之后，他思虑至再，终于坦然地把当时的情形以及他自己的想法、看法，写了一封长信给那位朋友，信发出之后，他觉得心胸舒畅多了。剩下的事就是等待台北的命令。

也许是上帝的安排，就在这个时候，两本不同时日、不同方向寄出的《圣经》到达了他的手里。一本是吴经熊博士译的《新约全书》，是前些日子蒋夫人叫我寄赠给他的，另一本是一位西北眷属寄给他的,这位太太是一位虔诚的基督徒。后面一本是《新旧约全书》,他接到时正感到内心空虚,就顺手把它打开来看。他的眼睛最先接触到的一句是:"耶和华是我的牧者,我必不至缺乏。"他心里感到一阵温暖,就接下去看,上面说:"他使我躺卧在青草地上,领我在可安歇的水边;他使我的灵魂苏醒,为自己的名引导我走义路。我虽然行过死荫的幽谷,也不怕遭害,因为你与我同在;你的杖,你的竿,都安慰我。在我敌人面前,你为我摆设筵席……"读到这里,他那不大流泪的眼中已充满了泪光,他不禁闭起眼睛,默默地祷告说:"上帝呵,感谢您的指示,您是我妻的上帝,也是我的上帝!"

三天之后,他奉命飞海口,于次日一早,独自飞往西昌。

这一切我事前一点也不知道,直到他飞抵西昌之后,才由便机带来一封信。信上也只告诉我他已于万不得已的情况下离开成都,现在已在西昌,身体平安这几句话。那时报上对于大陆上的战况报告得也很含糊,我当时正在为成都战讯的忽然沉寂而感到惊奇,等到接到信才知道那里竟也完了,心里极为难过。

不久,农历年节到了,台北人家都在准备过年,我家只有母子两人,孩子又少,心里念着独自在大陆苦撑的丈夫,心绪很坏也无心凑热闹。大年夜满街的鞭炮声一次一次地把广儿吵醒,我睁着眼睛,苦等到天明。

记得是年初二的下午,广儿午睡刚醒,我在为他穿衣,忽然门铃大响,我连忙跑去开门,站在门外的竟是蒋经国先生,我刚要请他到里面坐,他却急着问:"小弟弟在哪里?"我告诉他在屋子里,他说:"'总统'在隔壁居老先生那里,他想看看他,请就带他去好吗?"我立刻跑进去给孩子换了一件好一点的衣服,并告诉他说:"广广,妈带你去见一位老公公,你要乖乖的,见面时要说公公好。"他对我点点头,我就牵着他和经国先生一同去了。到了那里,看见蒋公正在和居老先生谈天,我们走进去时,两位老人都向我们微笑点头。经国先生把广儿牵到蒋公跟前,他居然知道向蒋公鞠躬,清清楚楚地说了一声"公公好",老人家高兴得不得了,伸手摸着孩子的头连连说:"好,好。"我站在旁边看见这情景,心里感动得眼泪都要流下来了。事后我把孩子见蒋公的情形写信告诉他的父亲,他父亲非常高兴,回信说:"广儿态度大方,应对得体,殊为欣慰。"我看了那封信不禁好笑,两岁的儿子知道什么应对啊,人家都说儿子是自己的好,这位做爸爸的看来也不例外。

这时已是阳历的二月中旬,南兄去西昌已经将近两个月。二十六日深夜两点钟,罗参谋长、赵秘书长和另外两位高级将领,联袂去到邛海。邛海寓所灯火通明,所有人员都未入睡,好几位参谋人员都在照常工作,南兄在书房里研究西康山地形势,听见他们来到马上出见,态度严肃,举止从容。等大家坐定后,他叫卫士拿出几个酒杯,酌满了酒,笑着对赵秘书长说:"龙兄,请饮这杯酒,我为你饯行,等天一亮你就飞回台湾。"说着就指着旁边的大包东西说:"这是我十年来的日记,请替我带去。"

听他这么说,赵秘书长连忙摇摇手说:"且慢,且慢,胡先生您请坐下,我们大家谈谈。"接着他就以低沉而坚定的语气对南兄说:"胡先生,请你将部队交给高级将领,先去海口待命,你不走是不成的。"

南兄向他看了看,摇摇头,肯定地说:"我不能走,来,我们一同来干这一杯,祝你愉快。"说着自己先拿起桌上的酒一饮而尽。大家看他这样,不知怎么说好,整个的空气好像凝结了。

这时已到清晨三时,其他人看看这种情形实在不能不发言了,于是纷纷劝说,又一个小时过去了,他仍不为所动。解放军进攻的战报已经来过三次。最后罗参谋长开口了,他以低沉的语气一字一句地说:"当年汉高祖荥阳被围,假如没有纪信代死,以后的历史可能又是一回事,现在情况既已到了这个地步,胡先生牺牲了,将来这七万学生,三万多干部谁能号召?谁能领导?将来我们那些化整为零散在'敌后'的武力谁能指挥?胡先生怎可弃领袖而牺牲?我已筹思至再,愿做纪信,务请胡先生接受命令!"

道义、责任、军人的浩然之气，都在这一番话中表达出来了。在座诸人无不深受感动，大家一致起立要求南兄务请采纳罗参谋长的意见。这时天已黎明，室内悲壮热烈，室外细雨纷飞，最后南兄终于为众人拥向机场，登上最后离开大陆的一架飞机。

　　就在同一天的晚上，大约是深夜十一时光景，我家的电话铃响了，我拿起听筒，竟是蒋经国先生的声音。他听见我的声音，好像不知怎样说好，迟疑在那里，我听到他的声音，也觉得很惊异，一时不知如何应对，忽然想起当日报上他发表了"政治部"主任的消息，就对他说："是蒋先生吗？恭喜，恭喜！"

　　他听我这一说，知道我对前方的情势并不知情，略停了一下就说："请问你知道赵秘书长的电话号码吗？"

　　我把号码告诉了他，电话就搁断了。这一下我可呆住了，第一我觉得自己那个"恭喜"说得多么愚蠢。第二我怀疑他打电话的用意，无论如何，他打这个电话绝对不会是问那个电话号码的。于是我想到前方的军情了，于是我想到南兄的安全了，我的天，难道前方又起变化了吗？我心急如焚，那夜我再也没有闭一下眼睛，我打电话去问办事处，他们没有确息，我想就是有，他们也不会告诉我的。南兄公私分得过分分明，不但回家来从不谈一句公事，就是别人，他也不容许他们对我谈军情的，可是教我怎么办呢？对着广儿那天使般的睡姿，我坐在床边默默地流泪。

第二天晚上，赵秘书长忽然来了。一看见是他，我又惊又喜，连忙问他说："赵先生，你什么时候回来的？"

"刚到一小时。"

"胡先生呢？"

"在海口。"

"前方怎样？"

"……"

我心里一阵难过，眼泪又流下了，于是他把一切情形详细地告诉了我。他说南兄因几夜未睡眠，情绪又极端地恶劣，现在病倒在海口，大约要休息几天才能回来。

对于南兄仍安全，我当然是放心得多了，但是我知道他的脾气，现在他的内心的痛苦一定比死更甚，大丈夫顶天立地，死何足惧，可悲的是想死又有所不能！其后他去大陈也就是求一死所而已。

一九五〇年四月一日，南兄终于回到台北，虽然憔悴苍白，但目光仍然明亮，步伐仍很坚定，一看见我就笑着说："你看我回来抱儿子了，你开心吗？"

"当然开心，实在你辛苦了这么多年也应该休息休息。"

"唔，你以为这是应该的吗？"

"……"我无言以对，实在我也不知道这是不是应该的。

　　对我们的家庭而言,他能回家团聚是我们最盼望的,自从结婚以来我俩相处不到一月。而广儿一共只见过父亲两面。我们夫妻父子得以相聚又未尝不是上帝的安排,我感谢主!

　　几天之后,我们的好友汤先生为我们在花莲租到一幢房子,我陪着南兄到那里去暂住,从此清晨、黄昏,夫妻俩携手徘徊于堤上海边,对海潮而长啸,望明月而涕泣,泪眼相对,默默相依,此中滋味实非外人所能想象者也!

再接再厉 /

我们在花莲住了一个多月。

大约是五月中旬的一个下午，台北来了一位客人，他一来就和南兄两人关在那间小小的会客室里谈了两小时。他去后，南兄没有向我提起一个字。我问他那人是为什么来的。他说："来看看我们的。"第二天下午，来了另一位客人，他也和南兄一同关在那间小客厅里谈了半天。他去后，南兄仍然没有告诉我什么。第三天又来了一位客人，这位是我比较熟悉的，为了想知道一点这些客人来的用意，我也跟着南兄出去见客了。来人以为我已经知道内情，一见面就以打抱不平的口吻对我说："大嫂，你说可气不可气，我们军人出生入死，流血流汗，到头来还要受这样的冤枉气！"

我以为是他受了什么委屈，就顺着他的语气说："是呀，这种年头军人真不好做，生活苦，责任重，一般人还不了解，不过我还是认为军人的职务是最神圣的！"

南兄听我说着这一番大道理，知道我并不明了来客所说的意思，怕我把话越扯越远了闹笑话，就笑着对我说："李先生这么远来，我们应该留他在这里吃饭，请你去厨房看看，准备一下好吗？"

我知道他的意思是要我回避，心里虽不愿意也只好退出，心情却轻松了一些，自己对自己说："我道是出了什么事，原来是李先生受了人家的气。"

为了安慰他，那晚我还自己做了几样菜敬客。客人走后，南兄忽对我说："霞，把东西整理一下，今晚早点睡觉，我们明天一早就走。"

"走？去哪里？"

"回台北。"

"怎么？你不是说要在这里休息几个月的吗？前天我已去叫副官把广儿送来的。"

"现在情形不同了，我们还是回台北去住好些。"

第二天黎明，我们就坐吉普车离开那淡雅宁静的海滨城市了。车子沿苏花公路向台北前进，这是一条颇为惊险的公路，大部分都是依山沿海而筑的。车子行驶其间，就像在海的边缘奔跑，随时有掉进海里去的危险。但沿途风景极为壮丽，尤其是快到苏澳的那一段，远看前面海上一片帆影，海边沙滩上排列着一排排的瓦屋，沙滩尽头有无数的高耸入云的椰子树，撑开巨掌般的叶子迎风摇曳，树下行人车辆像是画中人物，整个景象就像一座天然的摄影棚，直到车子进入闹区才使人有回到实景之感。当时如果不是南兄急着要回台北，我真想停下来在苏澳住上几天呢。

我们到达台北已是傍晚时分了。晚上，南兄出去访友,我哄孩子睡觉后就以消闲的心情拿着一大叠当天的报纸到客厅去看。哪知刚打开一张大报就发现上面有"李梦彪弹劾胡××"的一则大标题,我大吃一惊,急忙把那则消息仔细地看了一遍。那上面说的与事实相差很远,有的恰与事实相反,我看了之后,心里很是难过,想到当南兄离成都时的情形是那么悲愤、痛苦,后来在西昌的处境是那么艰难险恶,而这一个月来在花莲的心情又是那么凄凉忧伤。现在,人们不但没有给他以善意的同情与关切,反而不问青红皂白加给如此的诬蔑与指责,人心何在?天理何在?难道说世纪末日真的已经来到了吗?我越想越气愤,越想越伤心,终于忍不住流下泪来了。正在这时,南兄从外面回来了,他看见我在流泪,急忙走到跟前来对我说:"哎,怎么一回事,你这么伤心?"

我指着旁边那一堆报纸,回答说:"南兄,这上面都登出来了,为什么你不先告诉我呢?"

他对那些报纸扫了一眼,平静地说:"这些无聊的消息有什么好说的。我不让你知道的原因是要保护你心境的安宁,我猜到,你知道之后会不高兴的。"

"那么你现在打算怎么办呢?"

"有什么要打算的?听其自然好了。"

"可是人家指责的都不是事实,你总得加以申辩呵!"

"那有什么关系,事实总有使人明白的一天,这种时候申辩有什么用？"

"如果他们有什么对你不利的决定怎么办？"

"真要这样也没有办法。"

我虽为他难过也没有办法！

这以后，我们之间再没有谈论过这件事，但他的许多长官、朋友、同学和西北同人，对这事都感到非常愤慨。尤其是当少数报章杂志以捕风捉影的谣传和颠倒是非的论断为凭，写长文，发专号来对南兄大加讥评时，大家都更难忍受，于是朋友们纷纷来看南兄，向他提出各种应付的办法和意见：有人主张招待记者，有人主张为文反击，也有人主张联名上书。

对于这些仗义执言的朋友，南兄深表感激，对于他们各人的主张他却一一婉拒了。甚至有人想以第三者的立场在报社杂志上为他说几句公道话，他都要求他们不要这样做，他说："对于社会的责难愿做自我反省的依据，事实真相总有大白的一日，用不到我们去答辩的，目下我们用不到和人家去争长论短，打笔墨官司，我只求仰不愧于天，俯不怍于人，对任何毁谤或责难我既不生气，也不介怀。"他们听他这样说也只好不再表示什么，一位西北的老朋友说，老子有"善者不辩，辩者不善"的教训，这位老长官实已深得老子哲学的真谛了。

当然南兄不敢以善者自居，事实胜于雄辩却是真的。

不久,"监察院"的许多人也都明白了事实的真相,这次事件,南兄不但未受到任何损失,相反的,使一般过去不太认识他为人的人,也对他有了深一层的了解。

至于我们自己,自从回到台北以后,集中精神在研究方面。南兄拟了一个读书计划,准备于一年以内,重读完几部他早年读过的古书,同时对现代总体战的理论与实际再做加深研究,英文方面他希望能达到自由说话和写作短文的程度。我呢,一方面学习写作,一方面对《圣经》加深研究。我请戴师母在每星期三下午来家和我查经,我们用的是英文版《圣经》,戴师母要我熟读、牢记,常常和我一同高声朗诵《圣经》金句。有一天当我在那里反复背诵《马太福音》第十六章二十六节耶稣对门徒教训的话"人若赚得全世界,赔上自己的生命,有什么益处呢"时,他忽然自动放下书本来加入我们了。他笑着对戴师母说:"戴师母,你说我现在才来读《圣经》会不会太晚?"戴师母高兴地回答说:"不会,不会,上帝是永远不会拒绝一个追求道理的人的。"从那时起,他每次都和我一同查经,直到后来去大陈为止。去大陈以后他也曾打电报来请戴师母去那里成立一个查经班,可惜因为戴师母走不开而没有实现。

一九五一年三月底我去妇幼中心待产,他天天去医院陪我,给我说笑话讲故事。并且每天都带一束鲜花,亲自替我换水，亲自为我插花。我的主治医师林大夫看他这么殷勤，曾笑着对我说："自古英雄皆多情，胡将军对您这么温存体贴，真不愧是一位大英雄呢！"不但医师这么说，就连和我一起在待产的太太们也都对我不胜羡慕，她们说像这么好的丈夫真是天下少见，可是她们哪里知道，他真正能照顾我的时间是多么短促呵！

德儿于这年的儿童节降生。婴孩落地时他正在家里吃晚饭，一接到电话就立刻跑去了。当他到医院时，我还没有离开产房，看见他去，我满心的欢喜，笑着对他说："又是一个壮丁！"

他马上走到我旁边，用他的两只手紧紧地握着我的手，愉快地回答说："好极了，我为胡家的祖宗谢谢你，也为新生的孩子谢谢你！"

德儿降生以后，我们的家庭生活更有生趣了。每晚夫妻俩带着两个孩子在客厅玩。那时广儿已进幼儿园，他很喜欢唱歌，每晚总要把白天在幼儿园里学来的歌，一遍一遍地唱给我们听。南兄一边听大儿子唱歌，一边逗小儿子笑，有时也和我玩玩桥牌，小家庭里和谐而快乐。很快，他又不得不再次离开我们了！

记得是一九五一年八月的一个晚上，陈辞公忽然驾临寒舍，他一来就和南兄两个人关起门来在客厅里细谈，当我亲自送茶进去时，只听见辞公说："那边一切都很落后，不过那些部队如果能加以整编,好好运用,还是可以发挥很大的力量的。"

南兄回答说:"环境困难没有关系,只要那些人能够发挥力量,有所作为,是可以试试看的。"

这样,他又再次接受了一项艰辛的使命!很快,命令下来了,南兄奉派为"江浙反共救国军总指挥"兼"浙江省政府主席"。在九月九日清晨,他就以秦东昌的化名,带领少数随从从基隆乘中炼舰出海了。

大陈岛是属于浙江省温岭县的一些岛屿,和大陆极为接近,分上大陈和下大陈两个岛,附近还有一些小岛。那时分布在那些地方的海上力量既非正式编制,又无后勤补给支持,大陈岛本身也不在美第七舰队协防线内,岛上居民只有一两万人,在一般人看来这是一个毫无政治价值的地方。可是从军事的观点来说,如果能好好加以经营、建设,很可能发挥巨大的作用的。南兄自西昌来台之后,正在苦心积虑,所以这在一般人看来毫无价值的不毛之地,和绝对不能讨好的苦差事,在他看来正是求仁得仁,所以欣然应命。他在动身的前夕,曾经对我说:"霞,我这次出去,不知道什么时候才能回来,望你在家好好带领两个孩子,安心等待,只要那边的事略有头绪我就会写信回来的,如果一时没有消息也不要慌张,你知道我会想着你们的。"在过去他从来没有这样的叮咛,我想他这次去的任务是不容易的。

他到大陈之后，最先是住在下大陈温岭王先生家的楼上，三个月后才移居到上大陈的大岙里，那里一面临海三面靠山，虽是岛居却像山居。他素爱山水，那新居建筑虽很简陋，但他很有在那里久居之意，在一九五二年元旦，他写信给我说："此间工作顺利，在这新年开始，但愿一切的一切都能从头做起，重新创造！"

当然，这工作是异常艰巨的。南兄为了要把这样一个荒岛整顿成一个坚强的军事前哨，真是殚智竭虑、废寝忘餐，集中了全副的精力去干的。在他到那里的第三个月，有一位参谋人员因公来台，顺便带了一封家信给我。我问参谋那里的情形，他告诉我，那里的一切都比台湾要落后五十年，有的地方甚至要相差一世纪。我问他南兄在那里的生活，他说："胡将军太忙了，根本没有时间想到自己的生活，对于他，高楼大厦和竹篱茅舍都是一样的。"刚好那时我妹妹从海外带来一罐咖啡精和一盒巧克力糖，我就托来人带去给南兄，我想他总不至于连这一点现代文明都觉得是多余的吧。

他去后不到半年，那里的情形就大为改观了。各地的力量经过整编后实力大增，机帆船加添了好多，外围小岛的防务加强了，像披山、竹屿那些小岛，当他刚去时是一片荒岛，到了第二年春天已经大为进步。居民的茅屋完全修茸一新，刚开辟的田园已是绿油油的一片，山顶上建了瞭望台，台上旗帜招展，显出一番新兴气象，他对于这进步感到颇为满意。

一九五三年夏天，当局对大陈的工作有了不同的布置，这新的发展，使他不得不停止原来的部署。两年经营几将幻灭，大陆路线竟亦中断，生而不易，求死更难，南兄不禁涕泪纵横无以自慰了！

那年八月，南兄终于又回到台湾，回到我的身边。那时我们的第三个孩子，女儿美美，已经七个月大，事业虽然无成，但有儿女成行也可聊以自慰。不久他又奉命入台湾"国防大学"进修，研究学问本是他一生的兴趣所在，过去想多读点书而不可得，现在有机会读书也未尝不是不幸中之大幸。从那时起至一九五五年去澎湖止，他有将近两年的时间在台湾，白天在学校上课，晚上回家休息，在这个时候，他才真正地开始享受到家庭生活的乐趣。

这时孩子们慢慢地长大，老大从幼儿园进小学，老二从摇摇摆摆走路开始上幼儿园小班，老三从牙牙学语而长到会叫爸、叫妈。他晚上回家就是逗小儿女玩，两个男孩每晚都要在爸爸跟前唱儿歌，学兵操，玩上个把钟头。做爸爸的一到孩子跟前也就什么忧愁烦恼都没有了。他对于孩子简直是近于溺爱。我们家的生活简单如昔，对于孩子他却愿意多花一点钱，每晚回家，总不会忘给孩子们带零食的。可怜他从小无母，没有享受到家庭的温暖，长大以后又经常生活在军旅之中，度着枯燥刻苦的日子，就是结婚以后，也因军务倥偬，无法亲近妻子儿女。这次回家，能够过一段家庭生活，就想把过去所失掉的，统统给补上。所以在家的时候真不知要吻小女儿多少遍，抱着小儿子不放下。有时甚至让孩子骑在背上学骑马！当广儿还没有进小学时他就开始教他下象棋。常常父子两人聚精会神地在客厅下一两小时的象棋。他喜欢买东西给孩子们吃，自己却永远不去尝的，所以常常会买些小孩不能吃的东西。有时我想埋怨他，但话到口边又咽回去了，想想他能够这样已经是很不容易了，我为什么还要扫他的兴呢？

记得有一次我因母亲病重去桃园乡下，陪伴她老人家，就把孩子都交给他照顾。那时正是农历的元宵节左右，我在母家住了几天回家，一进门就看见饭厅小桌上摆着一盒未煮的元宵，就问广儿说："广广，这元宵是谁送的？"

"是爸爸买回来的。"

"你们吃过没有？"

"吃过了。"

"很好吃吧？"

"难吃得很，小弟吃了半个就吐了。"

我觉得很奇怪，为什么小孩子会这样地不喜欢元宵呢？就再追问下去："为什么小弟吃了会吐呢？是阿英没有煮熟吗？"

"阿英本来就没有煮，爸爸那天一买回来就叫我们吃，他说元宵节是要吃元宵的，这东西很好吃叫我们赶快吃，我吃了一个吃得满嘴都是白粉，那味道又咸又甜，吃到喉咙干干的，咽都不好咽，小弟吃一大口，就咳嗽起来了，结果把晚上吃的饭都吐出来了。他怕爸爸骂还大哭了一场。后来爸爸哄了他半天他才不哭。"

我想，真是天晓得，这位糊涂的爸爸竟拿生元宵给孩子们吃。他们没有生病还真是幸运的呢！这段时间我们夫妇也总算享受到一点唱随之乐。他喜欢郊外生活，周末假日我们常常去郊外旅行。新店的碧潭是我们常去的地方之一，我们去碧潭有时爬山，有时划船，有时就在碧潭上面的碧亭喝茶聊天。碧亭主人是个失败的煤矿主人，有七八个儿子，大的几个已经在外工作，小的几个仍在读书。在家帮忙的是他们的第二个女儿，那位小姑娘当时有十七八岁光景，长得眉目清秀，仪态娴雅，我们去时常常是她来招呼的，慢慢地和她混熟后又进一步认识了她的双亲。在雨天客人稀少的时候，老板就会自动叫女儿给我们添上一些花生、瓜子，前来和我们谈天。两年下来，我们竟成了好朋友。好多次他们都不肯收我们的茶钱，有一次我称赞他们的茶叶好，老板娘马上叫女儿包上一大包的文山茶硬要我们带回去。在回家路上，南兄感慨地对我说："礼失而求诸野，想不到他们倒这样有人情味，在这个时候我们能交到这一家朋友倒也不差呢！"

后来我们向老板建议，由我们送他的女儿去台北读高中（她已初中毕业），却被他婉拒了，不久这位小姐被一位少年有为的海军军官看上而做了新娘。

一九五四年十月我们又添了一个女儿，上帝真恩待我们，使我们这么完备，两个男孩子都很聪明，两个女孩子都很美丽。这个女儿我们给她取名"为明"，象征着前途光明。在明明十个月大的光景，有一天南兄从外面回来，一进门就问我有没有兴致陪他去散步，自然，我是有兴致的。

我们只是到台湾大学，那是我们常常散步的地方，那天我们照例从大门口就下车，两个人手挽着手从校园的这一端慢慢走到那一端，当走到尽头往回走时，南兄忽然偏头过来问我说："霞，我现在去外岛工作你觉得怎么样？"

"很好，去哪里？"

"马公。"

"马公？那是什么地方？重要吗？"

"就是澎湖列岛的主岛，是一个很重要的战略区域。"

"那你准备什么时候去？"

"这几天内就走。"

原来一切又都是安排好了的，命令也已经下来了，他去那里任"澎湖防卫司令官"。

不知道是有意安排的呢，还是偶然的巧合，南兄这次出门又是九月九日。上次去大陈是一九五一年九月九日，这次去马公是一九五五年九月九日，上次出门时次儿德德正在牙牙学语，这次出门，次女明明也正在牙牙学语。当他动身的清晨，我抱着明明在门口和他挥手告别，眼看着他的座车在巷尾消失后我低下头来默默地祷告说："主啊，请你祝福我这位永不灰心的丈夫！"

他到马公之后，就积极致力于建设——军事上的建设和地方上的建设。从这时到一九五九年的四年当中，他把澎湖从一个沙土飞扬、地瘠民贫的列岛，建设成坚强的军事堡垒及美丽的海上公园，他在澎湖的贡献当时在那里任职的李玉林先生曾有详尽的报导，而澎湖各界也没有不对他发出由衷的感佩而至今念念不忘的。

一九五八年八月二十三日那天，共产党的军队向金门发炮两万多发，赵家骧、吉星文、章杰三位将军遇难。二十四日晚他们的灵柩就运到澎湖，南兄怀着极端悲悼的心情，亲自照料一切，连夜为他们布置灵堂，主持祭奠，安排殡葬。从二十四日至二十六日三天三夜，南兄只睡了几小时。接着充员兵士及伤亡官员陆续运到，一面连夜整理公墓，一面救护伤员，而这时政界要员来往频繁，接待会议连续举行，再加澎湖本身防务的加强，从八月二十三日至九月二十四日，整整一个月的时间南兄是睡眠无时、饮食无心。何况这段时期蒋公多次莅临该岛，一切安全措施也极费心机，如果不是事先有充分准备，实在不容易那么圆满地达成任务呢！十月间金门情势略为和缓，南兄才稍微松了一口气，但对于主要的工作是无时放松的。

那年十一月×日是南兄六十寿辰。南兄是素来不喜欢做寿的，自从我俩结婚以来，他从来没有做过寿。记得在我们婚后第一年我曾在他生日的头一星期写信去西安准备届时去那里和他共度良辰，他回信却说："妹之盛意兄当心领，时局如此紧张，报国无能，正感惶恐万分，何敢言寿……"拒绝我去，我只好给他寄一件亲手织的毛线背心去略表心意。从那次以后，我只是在他生日的时候寄封信或送点礼物去致意，再也不谈形式上的庆祝。在一九五八年的这个生日，因为是花甲之期，几位知交好友就曾向我提议想为他热闹一下，我知道他是不会答应的，但他们总觉过意不去，结果推请了罗先生和赵先生于十一月二日到澎湖去接他回台北。他俩去后和他谈了很久，他无论如何也不肯。他说："海峡偷生，匆匆六十，惭恶悲苦，何能做寿？且待二十年后再做考虑。"他们两位拗他不过，只好作罢。回来以后，他们曾到浦城街看我，说到南兄说过了二十年后可以考虑的话，罗先生很有信心地说："我想二十年后他八十岁我们再给他做寿，他一定会答应了。"

当时我们谁会想到以他那样强健的体格和充沛的精力,这一句话会不能实现的呢!

一九五九年元旦,他向集合在大操场的五千多名官兵说了简短的一段话:"在这新年的开始我要向各位说的只是很简单的几句话。第一要面带笑容,朝气奋发。第二要愉快乐观。第三要约束自己,不要过分。第四要先求对自己有成就对社会才有贡献。因此我们要提出三个口号,学习第一,工作第一,战斗第一。在做人方面,我们应该厚以待人、严以律己,以贡献代替占有,以力行代替空言,以冷静抑制虚妄,以理智克服冲动!"

这些都是他的肺腑之言,是他自己身体力行了三四十年的,这些话无论是在十年以后,二十年以后都不会减低它的力量的,可惜年轻一代的官兵,都再也没有机会听到他亲口的教训了。因为在这以后不久,他就回到台北进"国防研究院"研究,毕业以后也没有再回澎湖。

大约是在一九五九年至一九六〇年之间,曾经数度传出,蒋公要南兄出来担任某种要职,有人以此问南兄,他总是笑而不答。有一天我偶然提起别人的猜测,他向我看了一眼,哈哈大笑地说:"怎么?你也希望我做官?我想这可不必了吧!……"

他没有灰心,他从不失望,虽然十多年来他内心充满悲苦,但从未失掉斗志,只是他所念念不忘的是"台湾的前途”，并非个人的出处。耶稣说：“人子来了是服侍人而不是受服侍。”他所服膺的就是这个道理。

求学问道 /

"无官一身轻,有子万事足",这是我们古老的人生哲学。以现代人的思想来说,这当然是落伍的了,不过以我们家那几年的生活情趣而言,却正是这个样子。自澎湖回台后,南兄是先在"国防研究院"受训,后改任政府"战略顾问",始终没有担任实职,不必按时上班,生活既清闲,行动也少拘束,可说这是他生平最悠闲、最自由的一段时期。而这时我们的四个孩子,最大的只有十一二岁,最小的四五岁,正是天真无邪,活泼可爱,最能慰亲、娱亲的时候。每当周末假日,夫妻俩携儿带女,游山玩水,确是享尽人间清福!

而读书本来是人间乐事,所以在"国防研究院"的那段岁月,南兄过得非常快乐。该院张晓峰先生是南兄三十年的老友,对于他的学问品格,南兄是素来极为钦佩的,这次能在他那里求学问道,南兄自然深以为幸。有一次张先生对他们讲养天自乐、畏天自修、事天自强、知天自足之道,他很有所感。回家后把他所记下来的,交给我整理,留作以后参考。

除了良师还有益友,他们这期同学都是现社会各方面已有成就的人物,很多都是有思想、有见解的饱学之士,他是个素来爱才若渴的人,能够和这么多人才在一堂做学问怎么不高兴呢！而且他们这班人都是年过半百饱经忧患的，现在能够重做学生，重温青年旧梦，也都感到格外有兴趣。所以大家相处在一起，生活过得很是轻松愉快。他们白天上课，晚上自修，除了南兄个人得到特许，可以每天回家住宿之外，其余同学都是住校的。每晚在自修之前他们有一段休息的时间，同学们就利用这时间大家聚在一起谈天说笑。他们把聚会那间客厅美其名为"龙门厅"，而南兄虽然不住在院里却是那里的常客。同学们中无论是老朋友还是新认识的，对他都非常亲爱，龙门厅里只要有他在座，好像就格外有了生趣，大家的"龙门阵"也就摆得格外起劲。几个月下来，南兄在同学当中已成为最受欢迎的人物了。

因为优良的环境和和谐的气氛，南兄的学习兴趣也非常浓厚，他不但对各种专题认真研究，就是那些龙门厅上的故事和笑话也学了不少。当他晚上回家后，就常常会把新听来的故事或笑话讲给我和孩子们听，日子久了，当孩子们要他讲故事时，他就会把那些说过的故事又再一遍一遍搬出来。记得有一个叫作"无鸡之谈"的故事就不知道被他说过多少遍。这个故事的大意是，从前有一个地主，非常贪小便宜，每年佃农去缴租时必须带礼物，如果不送礼，他就会把田租给别人。有一个叫张三的佃农，知道地主的脾气，每年去缴租时，总是带鸡去送他的，这一年因为田里收成不好,他把家里的鸡都卖掉去买米缴租,就没有再带鸡去送了,那地主见他进来手里并没有提着鸡,就自言自语地说:"此田不合张三种。"张三一听不对,赶快去亲戚家借了两只鸡送去。他远远看见那两只鸡就又自言自语地说:"不给张三又给谁?"张三走后,那地主的儿子就问他父亲说:"爸爸,您怎么说话前后矛盾,一下说不给张三种,一下又说不给张三又给谁。"他爸爸听了骂他说:"你这蠢才,怎么连我的意思都不懂,我前面说的那句是无稽(鸡)之谈,而后面一句是见机(鸡)而作呵!"孩子们听惯了这个故事,到后来,只要他爸爸说要给他们讲故事,他们就会叫着说:"爸爸,可不要见机而作呵!"

　　由于读书生活的清闲,他在家的时间比较多,和孩子们接触的时间也就多了。倒是在这段时间,他对孩子们真尽了些教养之责。除了经常带他们出去玩,和他们一同下棋、打球或听他们唱歌、讲故事之外,他还常常利用机会给他们教训。尤其是对于两个男孩子,他常常单独带他们出去散步,同时利用时机和他们讲些做人做事的道理。我们大的男孩广儿,自小表情呆板,木讷寡言,他每看见儿子脸孔板板地闭着嘴不开口时,他就会笑嘻嘻地叫着说:"广儿,来,讲个笑话给爸爸听。"或是直截了当地对他说:"广儿,要面带笑容!"我们的第二个男孩小的时候比较爱哭。常常只要妹妹们占了他的便宜,或是什么事不如意,他就会号啕大哭，南兄很爱这个孩子，但又很讨厌他哭。有一天，南兄刚从外面回来，一进门就听见德儿的哭声，他什么都不问，就把德儿叫到后面房间里，狠狠地给他打了十下手心，孩子痛得脸都涨红了，但已不敢再哭。事后，我对南兄说，这次哭并不是德儿的错，实在是他受了委屈。南兄说："我打德儿并不是他有别的不对，只是他的哭，一个男孩子，常常哭多么可耻。"于是南兄把德儿叫去，问他说："德儿，你是不是好男儿？"德儿回答说："是。"他说："那么记住，男儿流血不流泪！"接着他又问："德儿，你是不是大丈夫？"孩子说："是。"爸爸就说："记住，丈夫有泪不轻弹！"从那以后，德儿只要想哭，就会想到爸爸给他说的话。果然，后来就慢慢地把他那好哭的习惯改掉了。

对于女孩子，南兄所最注意的是安分，不要她们到外面去跑。有一次当我们从外面回来，看见两个女孩在门前和别的几个孩子玩耍，他要我把她们马上叫回来，给各人打了十下手心。我当时心里很难过，觉得这不是孩子们的错，假如我们的房子大一点，假如我们有一个可供孩子玩耍的院子，孩子们也不会到外面去了。但我没有把这意思说出，只是告诫孩子，以后再也不要跑到门口去了，因为女孩子在门口玩是不适宜的。

他不但注意孩子的言行，也很注意自己的行动言语，无论在什么时候他总是衣冠整齐的，在很热的天气，他还是衬衫西裤穿得整整齐齐地在书房里看书或和孩子们下棋，我看他那汗流浃背的样子，就劝他把衬衫脱下，凉快一点，他却说："在孩子们面前这样服装不整的怎么可以！"我们的孩子就从来没有看见他们爸爸穿着汗衫短裤的，他在孩子面前讲话也很小心，从来不疾言厉色，不说粗野的话。有一次他情绪不好，忽听见两个小的孩子不知争什么东西又哭又叫的，就忍不住说了一句："你们两个真是混蛋！"说了以后非常后悔，晚上在床上翻来覆去地睡不着，我问他有什么心事，他说："我真不该今天对两个孩子这么粗野！"我说："偶尔说一句也没有多大关系。"他说："这怎么可以，做父母的自己说话不检点还配教训子女吗？"我觉得他这话也对，这次对他自己倒是一个教训！

他不但注意言行，对孩子们也很守信用，凡是答应他们的事没有不办到的，因此他在孩子们心中真是一言九鼎，很有分量。有一次他答应给广儿买一部名著，哪知那本书在台湾没有再版，他一连走了好几家书店都买不到，第二天再去街上找，结果找遍了台北市所有的书店也没有找到。最后他跑到阳明山的图书馆去，总算把那本书借到了，晚上当他把书交给儿子时还说了一声："广儿，对不起，晚了两天才给你！"儿子拿到书，很平常似的拿去看了，可是他哪里知道做父亲的费了多大气力呵！

一九六〇年春天，小明在台大医院开刀治眼睛，我陪她住在医院里。小明想爸爸，起初不肯住院，后来她爸爸答应每晚去医院看她，她才勉强同意。我们在医院住了将近半个月，她爸爸果然每晚一吃过晚饭就到医院去看我们，去时总是带点水果或孩子喜欢吃的东西。因为明明眼睛是蒙着绷带的，什么都看不见，她爸爸总是坐在床边椅子上，拿着她的小手，喂她吃东西，给她讲故事，直到九点左右她想睡了才离去。有一天因为临时有事，过了九点她爸爸还没有来，明明就等着不肯睡觉，我哄着她说："明，我给你放下帐子睡吧，爸爸一定是有事，今晚不会来了。"

明明却回答说："不，我不要睡，我要等爸爸，他一定会来的。"

到了十点钟光景，医院里已是静悄悄的了，护士们量过了病人的体温也都去休息了，我想南兄今晚一定不会来了，就关上房门准备休息。正在这时，走廊上却响起了脚步的声音，明明马上叫着说："妈，快把门打开，一定是爸爸来了。"

我有点不大相信，脚步声却已停在我们的房门口了，打开门来果然是他，我轻声地说："你怎么这么晚了还来呢？"

他回答说："我答应了孩子的，怎么能够不来！孩子睡着了吗？"

我一边关门一边笑着说："哪里，她对你很有信心，说你一定会来的,我要给她放帐子都不肯呢,你们父女倒真讲信用!"

睡在床上的明明,听我这么说,就兴奋地接下去说:"可不是,我和爸爸的心是一条线啊!"

做爸爸的听女儿这么一说,心里大为感动,连忙跑过去捧住她的小脸吻着说:"当然,小宝贝,爸爸和你的心是连着一条线的啊!"

此情此景,好像就在眼前!

当南兄在"国防研究院"时,他所最感遗憾的,就是自己的英文程度还不够轻易地阅读那些有关政治及国际问题的高深著作,同时对于"国外"学者的专题演讲也没有能完全听懂。毕业以后他就决心要重新研读英文,希望在一年之内阅读和听讲都不致再成问题。他把这个计划分三方面来进行,他订了两份英文报,每天下午用两小时的时间看报,并把所有的英文生字都写在一本小簿子上,把那本簿子放在衣服口袋里,每天一早就跑到附近的空场,如新店的田野、万盛里的溪边或景美的桥头,一边散步一边读英文生字,通常总要读上十四五分钟到一小时。回家以后就把那些记得的新字编成句子来问我,有时那些又长又大的新闻字汇我也听不懂,于是他就会哈哈大笑地说:"看,你也给我难倒了吧!"起初倒还未必,到后来,有些他所知道的专有名词,我可真的不知道了!

另外他还请了一位英文老师，每星期二、五上四小时的课，这是正规的学习。在他的书房里有一块小黑板，那位老师就像在普通学校教书一样教他，功课包括读本和文法，有时也要他朗诵或背生字。他上课非常认真，非万不得已是从来不缺课的，老师指定的作业，他必按时交卷，从不推诿。

第三种方法倒是很轻松的，而且我也沾了光，他听人家说，英文发音和用字的准确要算广播和电影的对白，看英语电影对学英文有很大帮助，于是只要有好片子，他就要我陪他去看。因此，在这段时间我们就成为电影院的老顾客了。普通一星期看一次，有时两三次，如有他认为特别有帮助的电影就连着看几次，朋友们常常在电影院门口看见我俩，就赞叹着说："你看胡太太多有办法，把这样严肃的一位先生也训练得如此洋化，每周都陪太太看电影了。"对于这种评语，我不但不声辩而且极乐意地接受！

由于他这种全力以赴的做法，他的英文进步得很快，不到一年他确已能读书、看报和普通地会话。到后来，当他和竹君姊查经时就常常用英语和她谈话了。

大约是一九六〇年年底，他忽然觉得心脏有时跳动得很急，去请医生检查，又检查不出什么毛病。有朋友劝他打高尔夫球，他们说高尔夫球是年纪较大的人的最好运动，对心脏很有帮助，他们还以美国的艾森豪威尔总统为例,说他的心脏病就是打高尔夫球治好的。他起初不肯,一方面是他觉得打高尔夫球太耗时,另一方面也是基于经济的原因,不要说别的,单是一副球杆就要很大一笔款子。因此迟疑复迟疑,总是劝不动,最后有一位朋友自告奋勇地替他在一个外国人那里找到半副,要他去试试看。半副球杆就有好几枝,对于一个初学的人是够用了,他因盛情难却,只好去。打了几天,觉得那么大清早,在那绿草如茵、朝露如珠的高尔夫球场上漫步,确是有益身心,就决定打下去了。那半副高尔夫球杆还是旧的,但也要七十美金,他考虑了好几天才把它买下。买来的那天,他从球场把它背回家,一进门就有点不好意思地笑着对我说:"看,我终于把它买下来了,这几个月你就少买点菜吧,少吃一点对我们也有好处的。"

我对着那个长形的旧帆布袋和袋中的几根油滑的木杆看了一眼,回答他说:"菜是不能少买的,反正到了没有柴烧时,我就拿它去当柴烧好了!"他听了哈哈大笑。

事实上,他的打高尔夫球对于孩子倒是一件不受欢迎的事。自从他开始打球以来,他把身边的零钱都拿去打发球场上的捡球小孩,再也没有零钱为自己的孩子买零食了。过去,出去散步后,南兄总会带点零食回来给小孩,台大的福利社就是他常去之地,每次去台大散步,他总会去那里买几个冰激凌三明治回来给孩子们的。这以后,他回家的时候就常常是口袋空空,两手空空的了。不过这运动对他确是很好,最初几个月他的饭量增加,体重也增加了。在球场上他常常碰见一些熟朋友,他们一打就是半天,其中一位孙先生和一位侯先生都是此中好手,看见他去,总是给他很仔细的指导。他最初打九个洞,大约是六十杆,到后来就慢慢进步到五十杆了。如果碰到好天气,又有好朋友同打,他就可能用一百杆打上十八个洞,如果成绩不太差,他回家时会很兴奋地告诉我:"今天打得还好,有几杆远的!"

　　一位朋友看他对高尔夫球发生了浓厚兴趣,有一次就买了一副室内高尔夫球杆送他。从此在天好的时候他到球场去打,下雨的时候就在家里打,几个月下来,俨然是个球迷了。在球场上他认识了好几位新朋友。记得一个八月节的早上,我和他一同出去访友回家,到了家门口看见一个二十岁光景的青年穿着一身草绿色的军服,手里提着一篮文旦,笑嘻嘻地站在那里。我正要问他那人是谁,他却已慌忙地跳下车来,握着来客的手,表示对他万分的欢迎了,当我跟着下车时,他很亲切地对客人说:"这是我的太太。"然后对我说:"这位是李先生,刚从南部来的。"接着就招呼他到客厅去坐,和他谈了足足有一个小时。等到客人留下那篮文旦很高兴地辞去后,我问他什么时候,在什么地方认得这位青年的。他笑着说:"在高尔夫球场,

二 胡宗南将军凭着这张照片与我结缘，最后情定终身 一

身着便装的胡宗南将军

二 因着父母开明作风得以接受现代教育，造就日后的我 一

（一九三九年因抗日战争延误婚期，我远渡重洋到美国乔治·华盛顿大学深造）

一九四七年五月，延缓十年的喜讯终于来临。他挽着我走进礼堂。客人只有八位，六位是证婚人，两位是介绍人。听着证婚人宣读结婚证书时，我满心洋溢着爱与喜乐（

二　新婚的日子，我俩陶醉在爱情的芬芳里。从早到晚偎相依、散步、赏花、品茗、论诗。他的每一句温言都会使我的心弦颤动，他的眉语，都能使我两颊泛红，这时，我才真正地体验到『蜜月』的甜蜜！他那醇厚的爱，滋润了我整个心灵。

二 烽烟处处战鼓频催时，我们仍能有短暂的聚首，除了珍惜，更是感恩一

二　新婚燕尔两情正浓，他却披上征衣，留下我独自尝尽别离相思之苦，时而涌上『忽见陌头杨柳色，悔教夫婿觅封侯』的情怀—

二　我们偶尔在重庆梅园行馆的小径散步，他温存与体贴的浓情蜜意，让我想起『只羡鸳鸯不羡仙』』一

〔长子为真呱呱坠地，与父亲见少离多，心心念念他们父子能时常相聚〕

二 后来孩子一个个出生，生活日益艰困，却更增添温馨与和乐

一九五四年十月，我们又添了一个女儿。两个男孩聪明，两个女孩美丽。特别给她取名『为明』，象征对光明的向往）

（一九五五年～一九五九年，他把澎湖从一个沙土飞扬、地瘠民贫的列岛，建设成美丽的海上公园）

胡宗南上將像

二、数年后居民感念而为其立碑

澎湖林投公園紀念碑

一九六二年六月，数百位亲友伴同我和孩子送将军于阳明山上的纱帽山麓，墓庐依山面海而筑，他在那里可以看见海那边的家乡。送他那天傍晚，我伫立墓前，俯仰之间，但觉天地悠悠，沧海茫茫，三十年岁月，只是一梦！

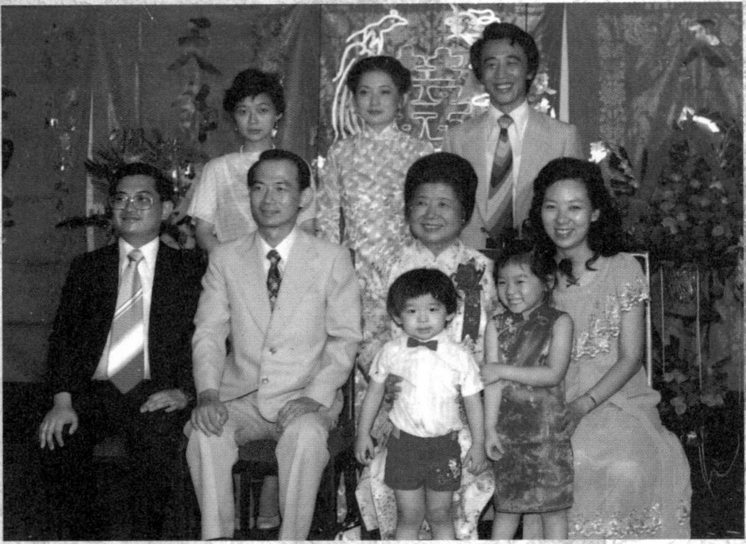

—为美结婚时留影—

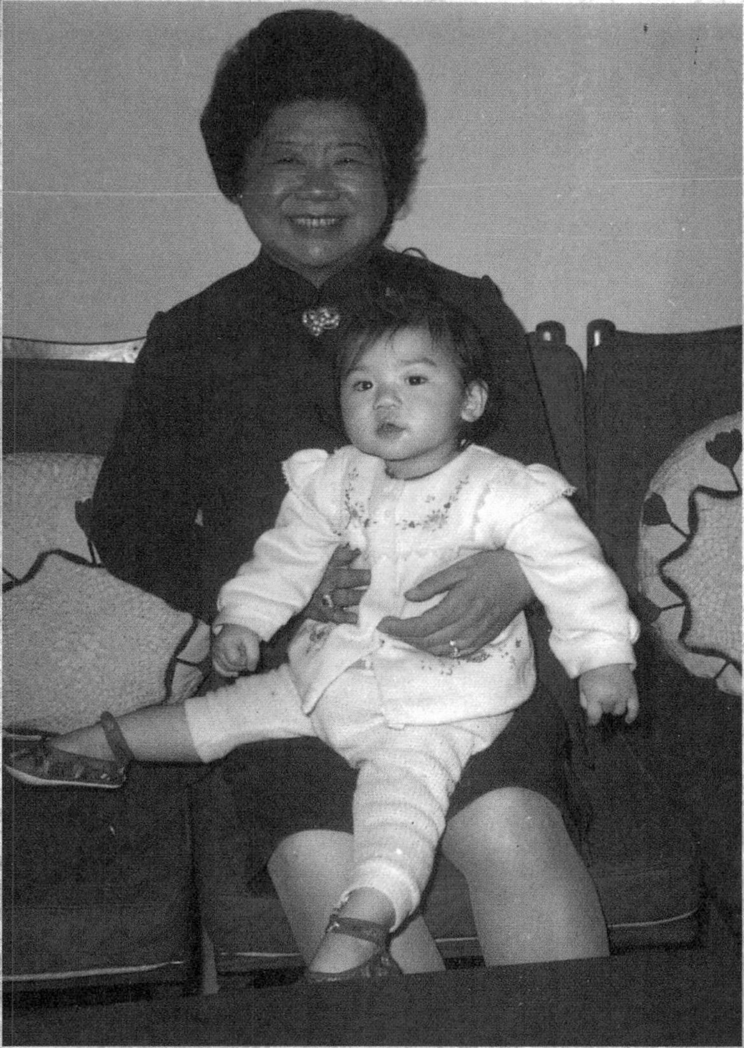

—我手抱长孙享天伦—

〔我担任『中国文化学院』副院长期间，主持会议时摄〕

（二我从台北师专退休时，获台湾省知名人士林洋港颁奖）

〔我参加亚洲儿童教育研究会时，与台湾政界人士孙运璿先生合影〕

WAVES 天地悠悠 胡 宗 南 夫 人 回 忆 录

他是我的捡球小孩,三个月前去当兵的。今天他是特地从桃园跑来看我的呢!"看见他对这位青年那样由衷地欢迎,我实在是佩服他的胸襟和气度。

在这个时期他除了读书、运动之外,对于基督教的道理也开始深入探求,前面已经提到自大陆来台之后,他就有慕道之心,后来他还和我一同跟戴师母查经,在大陈、在澎湖,他都继续在读经祷告。在澎湖的时候,有一位姓白的美籍女传教士,她在那里一边传教,一边为麻风病患者治病,南兄对她那崇高的精神和爱心极为敬佩,常常请她去传道,讨论有关宗教的问题。许多台北的基督徒朋友,知道他有兴趣研究道理,也常常给他寄些宗教的书籍去。张夫人还特别为他定了一份灵修日程,按期寄去,可是他总是停留在自我研究、自我寻求的阶段,没有进一步成为完全的基督徒,这其中最主要的阻碍就是他不肯去礼拜堂做礼拜。有时我劝他和我一同去做礼拜,他总是说:"我只要相信道理就是了,又何必要做礼拜呢!一个人信道只要信在心里,用不到去礼拜堂做给人看的。"我劝他几次他都不听,后来有一位老教友问我,为什么不请我的先生去做礼拜,我就把他的话告诉她,她很忧愁地说:"他这个想法是不对的,因为做礼拜是基督徒的本分,《圣经》上说:'你们不可停止聚会。'同时据许多人的经验,一个人仅仅读经祷告而不聚会,所发生的力量是十分有限的。在聚会中神往往会赐下更多的祝福，人的灵性好像炭火，大家在一起聚会就如同炭火堆在一起可以越烧越旺，如果夹出一块放在一边，那一块必定会渐渐冷却，人的属灵光景也正是这样，所以聚会不但需要而且是必要的呢！"

后来我把她的话告诉南兄，他虽然也承认这话有道理，但一个礼拜、一个礼拜的过去，每次约他去做礼拜他总是推托，一直到了一九六〇年的圣诞夜奇迹才出现。

自从到台湾以来，每年的圣诞夜我总是去士林礼拜堂做礼拜的，最初是自己去，等到孩子们大一点以后就带他们一同去。对孩子们来说，这已是庆祝圣诞的主要节目之一了。那年圣诞夜的早晨，广儿问我："妈，您想爸爸今晚肯和我们一同去士林礼拜堂吗？"

我相当肯定地回答说："恐怕不会吧！"

他说："我们来为他祷告，也许今年上帝会感动他，使他愿意去的。"

"好吧，我们不妨试试看。"说着，我就坐下来拉着儿子的手，低头闭目为他爸爸做了一个恳切而简短的祷告。

到了吃饭的时候，孩子们都很兴奋，尤其是两个小的，还猜着今晚蒋公和夫人会送他们什么礼物，因为每年圣诞夜，去做礼拜的小朋友都会收到一包他们送的礼物的。当孩子们讲得起劲时，我朝着他们的爸爸看看，随意地问他说："爸爸今晚和我们一同去好不好？"

孩子们听我这一问,四对眼睛就不约而同地向他们的爸爸望去,等待着他的答复,我想恐怕他还是不肯的,哪知他却很痛快地回答说:"可以,我今晚和你们一同去好了。"

孩子们一听开心极了,个个都站起来拍着手说:"好极了、好极了,爸爸真好,爸爸和我们一同去!"

饭后,当我回房去换衣服时,广儿溜进来悄悄地对我说:"妈,感谢主,他听了我们的祷告了。"

到了九点钟,当我们全家到达礼拜堂时,许多同道好友看见南兄去了都高兴得不得了,纷纷前来和我们握手致意,尤其是戴师母,一面向我们微笑点头,一边起劲地弹琴,意思是说:"好啊,现在你们可真是全家归主了。"

过了几天,在官邸的茶会上,我报告夫人关于南兄那晚和我们一同去做礼拜的事,她也很高兴地说:"是的,我知道,我看见他的。"

这以后不久,南兄问我竹君姊现在在什么地方,我告诉他,她仍在神学院教书,他就说:"你想我们请她来查经她会答应吗?"我说:"如果有时间,我相信她是会来的。"

竹君姊是我金大的同事,她是金大校长陈裕光先生的胞妹,品德超群,思想崇高,英文造诣很深。当年我们一同在金大时,我在政治系任课,她在外交系任课,我们虽不在同一系,但感情很好,她的年龄比我大一点,一直是像大姊姊一样照顾我的。来到台湾以后，她在台北住过一段时期，再去美国修神学，十年前又回到台湾，把她的全部时间都奉献出来为神做工。现在她在长老会的台湾神学院一面教书，一面传道，极受学生与同道的爱戴。南兄对于她这种无我无私、完全奉献的精神非常钦佩，过去在外岛，每次回台北都要抽空和我一同去看看她的，所以现在当他想到进一步研究神学时就想请她来指导了。

那天他说过之后，我马上写信给竹君姊，问她能不能为这位迫切慕道的兄弟抽出点时间，她一接到我的信，立刻回信来说："南兄既有此意，我哪有不能抽空之理，请告诉他我下星期一就来。"

从那时开始，每隔一星期，竹君姊就来家和南兄查一次经，每次最少是两小时，只要一打开《圣经》，他就有问不完的问题。有时竹君姊有约会，必须早走，他还是再三地请她再等一会儿，解答一个问题，又等一会儿，再解答一个问题。那种如饥如渴的问道态度，真是使人感动，《圣经》上说："你的话是我脚前的灯，是我路上的光。"又说："主的话就是灵，就是生命。""教人活着的乃是灵，肉体是无益的。""饥渴慕义的人有福了，因为他们必得饱足。""你们必晓得真理，真理必教你们得以自由。"我相信在这个时候，南兄的心灵已完全解放，除了追求道理之外，一切名利、事业早已置之度外了。

他的求学精神已经足够使人羡慕,而他的问道精神更是使人惊奇。竹君姊是个极为虔诚的基督徒,她曾经为多少人讲道查经,可是她说,像南兄这样认真和热心的人还没有碰见过。她每次来都是有一个专门的主题提出来研究的,南兄对每一主题都非常认真地探讨,不到半年,他对《圣经》内容已经相当熟悉了。《圣经》上说,一个人只要口里承认,心里相信就必得救,这个时候他不但心里相信,看见朋友们也会坦然地对他们说《圣经》很有道理,劝他们研究研究了。所以到后来,不但我确信他已得救,竹君姊和其他几位知道他这段生活的人,也都深信他已经得救。

当然,无论是求学也好,问道也好,他并没有忘记了他的责任,他的追求道理并非遁世,正如晓峰先生所说的,他是以出世精神做入世事业。

一九六一年的"双十节"纪念,"中枢"筹备了一个空前盛大的阅兵大典,早在几个星期前,台北市郊就摆满了受检武器及车辆,报纸上早就有很多关于阅兵阵容的报导,很多人都盼望这一次能够有机会参观阅兵行列,"总统府"附近的各屋顶均已为人预定一空。眼看着各种热闹的情形,我心里想,可惜南兄平时不喜欢我赶热闹,不然这次阅兵,我倒可以去看看。

十月八日那天,是女儿明明的七岁生日,我为她请了许多小朋友在家里玩,她爸爸给她买了一个十寸的生日蛋糕。那天下午,正当我为女儿点上生日蜡烛,领着小朋友唱着《生日快乐》时,忽然在我后面响起一个男中音,回头一看,原来南兄也赶回来为他的小女儿庆生了。明明看见爸爸也回来了,一等大家唱完,就跑去抱着爸爸的腰叫着说:"爸爸,您真好,您真好!"做爸爸的俯下身去吻着女儿的额角,并笑着说:"明明今天又长了一节尾巴,我看再长几节,就会和爸爸一样高了。"

孩子踮着脚尖说:"我现在就已经到爸爸肩膀了,爸爸再送我三个蛋糕,我就会长得和爸爸一样高了。"

爸爸笑着说:"好,我现在就去给你买三个蛋糕。"孩子们听见都哈哈大笑起来,这时我已为他们切好蛋糕,分给他们吃了。正当我端着一碟蛋糕向他走去时,他却从口袋里拿出一个白色的大信封递给我,用一种开玩笑的口吻对我说:"来,请太太阅兵!"

我起初还不懂他的意思,等到打开信封一看,里面是两个系着大红缎带的圆形观礼证,原来我的先生今年破天荒地准备要携眷去参加"双十节"阅兵大典了。对着那个观礼证我感到万分的兴奋,结婚以来,这还是第一个机会和我这位上将丈夫一同坐上阅兵台呢!

那夜我做了一个美丽的梦,梦见我们已回到大陆,我和他正一同泛舟在西子湖上,他仍是那么年轻,那么英俊。

只是我们两人竟没有坐在一起,我坐在船头他坐在船尾。在那波光荷影之中,我俩以深情的眼光对视着,良久,良久,他忽然一跃而起向我奔来,而使小船一阵摇动,我们竟掉在水里了!

醒来满身是汗,我心狂跳不已,按亮床头的灯,看见他却是鼻息均匀,睡得甜蜜而安详。

天地悠悠 /

澎湃凌云气　奔腾出谷心
乡山一水隔　岁月二毛侵

　　时光易逝,岁月无情,一个人再坚强也禁不起时间的折磨。南兄自西昌来台,心境一直不好,尤其是自大陈回来之后,情绪更为郁结,然而日子一天天下来,重返大陆的日期似乎仍然遥远,眼看年华老大,两鬓渐白,心里哪能不着急!

　　一九六〇年秋天的一个下午,我俩偕游碧亭,傍晚时分,游人稀少,夫妻俩默默相依,凭栏远眺,忽见对面山中,堆堆白云似潮水般涌出,涌上树梢,涌向天际,对此情景,南兄颇有所感。回家以后就写下前面那首诗,我读了之后,体验到他的意向,不禁感慨系之。

　　心境虽然如此,但他的身体是一向健朗的。无论在精神方面,体力方面都像壮年时一样。和他一同出去,看他那步履稳健,行动敏捷的样子,谁都不会想到他已年逾花甲,我从心里相信他可以活到一百岁,每当自己有点不舒服时就担心着有一天我去了之后他怎么办,绝对没有感觉到情形会是相反的。因此,就是到后来他已经病了,我还愚蠢地判断那只是偶发的小恙,没有关系的。

这年年底，他觉得心脏跳动得不太正常，曾经去医院检查过一次，结果并没有查出什么毛病。后来他就开始打高尔夫球，深信运动可以治病的道理，打了几次之后，觉得这运动很有意思，兴趣就愈来愈大了。有时打了九个洞，又打九个，如碰到熟人上场一劝，再打九个，从早上七点多去，到下午两三点才回来。回来后如有客人，就又和客人聊上一两个小时。我担心他会太累了，客人去后劝他小睡一会儿，他还会说："这有什么累，运动就是休息，我已休息很多了。"

我看他确是没有倦容，也不再说什么，心里想："还说有心脏病，哪里像！"

我知道他真的有病是在一九六一年的春天。有一天早上他吩咐不要给他准备早点，说要去"陆军总医院"检查身体，我当时就提议陪他同去，他却回答说："那是军人看病的地方，女太太去干什么？"

我想这只是他不愿太太同去的意思，反正程先生会和他去的，我不去也罢。两个小时之后他回来了，我问他检查的结果，他递给我一张药方说："没有什么病，只是血脂肪高一点，丁大夫开了这种药，这是新药，台湾药房买不到，恐怕要到美国去带。"

我连忙接过来，一看那药叫 Mer 29，美国某药房出品，我问他医生说要吃多少，他说每天两颗，先吃两个月再看，我马上把药方用航空挂号寄到美国，请小弟买好再航空寄回。在药没有到的时候，听说霍宝树先生也是吃这种药，霍先生是我们的朋友，我就向他先借了一瓶来。据说这种病忌食动物脂肪，尤其是蛋黄，南兄就决定从此不吃动物油，早餐用的那个鸡蛋当然是取消了。同时医生说要少吃含淀粉的东西，于是凡是含淀粉的食物也几乎禁绝。这样一来，他所吃的东西就极为有限，每天几乎全靠豆类食物和白水煮的青菜过日子，因而体重迅速下降，在五个月的时间里，从一百四十磅（约六十四公斤）减到一百二十磅（约五十五公斤）。在参观"双十节"阅兵典礼时，许多不常见面的朋友，发现他突然消瘦了那么多都大为吃惊。

当然最着急的还是我自己。这段时间，我也曾想尽方法做些脂肪少而富营养的食物劝他吃，可是他那凡事彻底的性格使我很是为难，每次只要看见食物上有一点油影子他就拒绝食用。我再三再四地用营养对人身的重要去劝他，他总以医生的命令来抗挡，结果我所用的十分苦心，所能收到的效果只有一分。食物方面既无法使他接受，只有劝他打针，我请程先生替他去请教一位医生，开了一种针药，这种药比较贵，每针要五十六元，他打了六针之后就不肯打了，他说这样贵的药长期打怎么行！我说身体要紧，为了身体的健康再贵也应该想办法的，他无论如何都不肯听。

在另一方面,他又坚持维持正常的生活秩序,连劝他早上迟一小时起身都不答应。每天还是一早起身就出去散步,找僻静的地方读英文,下午埋头看报,写英文生字,看别的参考书;还是照样会客,开会,研究问题,做各种运动;体重减轻,体力的衰退好像对他毫无关系。他这种超人的坚忍和好强的天性,竟使他支持到最后一刻!

这中间也曾做过几次局部的体格检查,结果除了血压略低以外,其他都好(他的血压经常维持着高 120 度低 60 度的标准),到了十月下旬血脂肪的含量已接近正常,特效药暂时停服,饮食也局部解禁了。这时我觉得很兴奋,想尽量做些他所喜欢的东西给他吃,巴不得他的体重立刻上升到过去的分量。每天早上,一坐上餐桌我就劝他吃这个、吃那个,他常常问我是不是胖了一点,我总是愉快地回答:"好像胖了一点!"

他听我那样说,也总要再反问一声:"真的?"

"当然是真的。"

这是一种愿望,也是一种自我安慰,可惜老天爷不和我们合作。这年的冬天竟是那么冷,十月庆典才过,西北风就吹起来了,整个十一月都是又风又雨的,南兄那实际上已经衰弱的身体终于抵挡不住天气的袭击而感冒了。起初是轻微的咳嗽,我们只是买点咳嗽药水服用,一星期后,咳嗽似乎反而加剧,我们只好去请教医生,诊断的结果认为是支气管炎，医生给开了些特效药，几天服下来咳嗽未全好，胃口倒败了！南兄一气之下，停止服药，十二月的天气更冷，南兄的咳嗽也更厉害了。我觉得拖下去总不是办法，就提议住进医院去检查，但是他不但不接受，反而很不高兴，听我说过几次之后，他就颇为生气地对我说："太太，不要老是这样婆婆妈妈地啰唆好不好，我又没有什么病，去住什么医院？"

我知道咳嗽已把他的耐性磨掉了。他好强，不肯服输，可是他没有想到，病魔是无形的敌人，无形的敌人是不容易斗争的呵！

他既不肯服药又不肯住院，只是硬挺着，我没有办法只有日夜祈祷，求上帝医治，但是上帝也是要人和他合作的，凭个人的意志抵抗，病怎么能好呢！

在十二月的一个晚上，我和南兄又参加一位长辈的寿宴，坐在我旁边的滨芬姊看见南兄那消瘦的样子，问我是不是他最近身体不太好，我就把他的咳嗽情形及求医经过告诉她，她听后，想了一下对我说："我倒有一个单方，不知胡大哥肯不肯用？"

我问她是什么单方，她说是用清鸡汤炖燕窝，每天吃一碗，最多吃半个月就会好。我说鸡汤容易办到，燕窝比较困难，她说几天前有人从泰国带回一盒燕窝给她，她没有用，可以送给我们。第二天一早她就派人把燕窝送来，我想反正这东西吃不坏，试试也无妨，就去买了一只鸡，亲自照她教我的方法，把燕窝炖好，等着南兄有空时就端去给他吃。他一看，颇为惊奇地问我："怎么，这燕窝哪里来的？"

我告诉他是滨芬姊送的，她说这东西可以治咳，他听我这样说倒很高兴，笑着说："燕窝还能治病，太好了！"说着就端起碗来尝了一口，立刻把碗放下，用怀疑的眼光看着我问："这是什么汤做的？"

"鸡汤。"

"要吃几次？"

"恐怕十次就可以了。"

"十次？那是说要用十只鸡？不行，这太浪费了，我不吃。"

我说这是当药吃的，譬如买药，不也一样要花钱吗，可是他无论如何都不肯。最后他说，如果我答应他不再做第二碗，他就把这碗吃掉，再要做，就连这碗也不吃了。我没有办法，只好答应他不再做，他才勉强把这碗吃下，退出书房。我心里很难过，觉得这一新的方法他又拒绝了，这病拖下去怎么办。刚巧那时锦妹在我们家，她看我神色沮丧，问我有什么事，我把刚才的事告诉她，她叹口气说："姊夫也真是的，为了治病吃几只鸡又有什么了不起的！"

我接着说："不要说吃，穿的不也是一样？这个冬天，天气这么冷,他的咳嗽一直没有好,我劝他做件大衣在外出时穿,他硬是不肯。前几天听我说不过了,才答应把二十年前那件军大衣拿去改,因为肩膀相差得太远,改来后还是不合适,穿起来就像粽子似的,不但他自己不愿意穿,我也不想他穿了!"

"那他这样挨冻也不是办法呀。"

"他就是硬撑,你别看他西装里面穿得鼓鼓的,尽是些旧毛线背心,其中有一件还是二十年前戴先生送他的。"

"去年二哥不是送了他两套最好的加拿大羊毛衫裤吗?他怎么没有穿?"

"早送人了,他说这么好的东西自己穿掉太可惜了,你知道这是你姊夫的老脾气,不论吃的穿的,只要是好东西,绝对不肯自己享受的。他这一辈子就没有享过一天福!"

锦妹听了只有摇头的份儿,她也知道南兄这种作风,过去他们两夫妇在国外时曾经给他寄过好几次考究的衣服和洋糖洋酒,结果都是白送,姊夫自己没有享受到一点。

从那以后,他也曾去看过几次医生,但咳嗽时停时发,始终没有断根。有时白天好好的,晚上又发作了,咳得厉害的时候,睡都睡不下去,只好拥被坐到天亮。可是不论夜里情形如何,天一亮他又起来梳洗吃饭,像平常一样活动了。从阳历新年到农历春节的一个月当中,我们有好多次应酬,天气那么冷,许多地方室内都有暖气,他穿了那些旧毛衣,在外面不够暖和,在里面又太热了,那一冷一热的变换更使他的感冒没有复原的机会。有些地方我劝他不要去,他又怕主人失望,不得不去。最后一次是一九六二年一月二十五日,在金华街的一位朋友家,那天到的都是老同学,他兴致很高,说得很多也吃得很多。席间还和一位同期同学开玩笑,要他请客,哪知那位同学请客的日期还没有选定,他已进入医院了!

二月四日是农历除夕,南兄的咳嗽虽然未愈,精神却很好。那天,像往年一样,有几位朋友和我们一同度岁。饭后,大家谈笑了一会,然后打了两小时的桥牌,客人走后孩子们围着爸爸讨压岁钱。平常我们只给每人十元新台币,那一年,爸爸特别高兴,亲自在每个红封套里放了四张五元的红色钞票,孩子们拿到压岁包打开一看,都高兴得不得了,两个小的还跳起来高叫:"爸爸真好,爸爸万岁!"

第二天是农历的年初一,我们全家不到七点都起来了。因为他们爸爸头一晚曾经告诉小孩,大年初一一定要早起,他说年初一能早起就天天能早起,这是成功的要诀。那天我们吃了一顿愉快的早餐后,趁着客人没有大群涌到,就全家出发去向几位老太太和几家老师拜年了。路上碰到好几位朋友,大家下车互道恭喜的时候,他们还都这么说:"南兄今天气色很好,看样子今年可以'反攻'了!"

下午,南兄觉得有点累,没有去参加同学会的团拜,但并没有不舒服的样子。晚上我和孩子们在大哥家吃饭,饭后他亲自坐车来接我们,顺便还在那里闲聊了一会。回家后一切如常,只是夜里有几声咳嗽。初二一大早,他就自己一个人出去拜年了。回来后告诉我跑了十几家,碰到好几位多时不见的朋友,谈话时显得很高兴。吃中饭时,他问我要不要用车,要用他就不出去。这是每年唯一的一次他自动愿意借车子给我的,因为他知道我有不少的老师在台湾,平常没有空,只有在新年的时候去拜年请安。

我照例出去了半天,回家时孩子们听见车子的声音就来开门了。美美告诉我,爸爸在午睡睡醒后咳得很厉害,刚才还吐了。我连忙跑进去,看他安静地靠在书房的沙发上看书。问他刚才的情形,他说没有关系,只是咳嗽太厉害,胸口有点闷,想安静一下。

晚上南兄说没有胃口,不想吃东西。怕他再吐,我也不勉强他吃,八点多就伺候他上床睡觉了。上半夜睡得很好,到了深夜两点钟他忽然从熟睡中咳醒了。一咳就咳得很急,接着是呕吐,又咳又吐的,一直闹到天亮。最后,咳嗽慢慢停了,人也疲惫不堪了,我看这情形非住进医院不可,就打电话去请程先生来。当我和程先生商量住院的事时给他听见了,他就很不耐烦地说:"你们不要商量了,请医生来看看是可以的,但我不住院!"我很婉转地劝他,告诉他咳嗽这么厉害怕发生并发症,住几天医院后如好一点就马上回家,他还是不答应,我们只好先打电话去把丁大夫找来再说。

那天还只年初三,医生们也在休假,我们足足打了两小时电话才把丁大夫找到。他一到,问明病情后马上要南兄去做全身检查,当他的手摸到南兄腹部各部位时,他的脸色愈来愈凝重了。最后他抬起头来,对我看看,再对南兄看看,以埋怨的口吻说:"胡先生,您怎么不早点来找我?"

站在一旁的程先生立刻回答说:"找的,在年前我曾经去看丁大夫,可惜那天您外出办事了,没有碰见。"

他就回过头来对程先生说:"让胡先生休息一下,我们到外面去谈好吗?"

我一听好像病情严重,照料着南兄穿好衣服后,马上赶到客厅去。看见我很焦急地进去,丁大夫就对我说:"不要紧,到医院去住几天好了,那边医药方便些。"接着就叫程先生代接荣民医院的电话,请那边准备房间,我起初还怕南兄仍然不肯去,把医生的意见告诉他之后,他倒点头答应不再反对了。

到了十一点半光景,医院的手续办好,我理了一点简单的用品就扶着南兄上车。那时丁大夫已经先走,临走时他曾嘱咐我们家里的人,为南兄准备一个枕头在车上,以便他可以躺着去医院。但当我们进入车中时,南兄拒绝躺下，他还是服装整齐，坐得端端正正地上医院的。不知道的人碰见我们都以为我们是出去拜年。事实上，我心里并不太着急，因为对于他的健康我具有近于迷信的信心，我总以为基本上是没有问题的。这次他答应去住院，我有如释重负之感，我想这样一来他可以把一些小毛病都治好，以后更不用担心，至于南兄自己好像也不太介意。过去，他总以为生病是可耻的，不愿谈病，更不愿住医院，现在既然下了决心去住院了，就像军人作战般，在考虑又考虑，踌躇又踌躇之后，已下了决心。命令一下去就义无反顾，反而心安理得了，此去他已决定把他的健康交给医生，就像决定把一支队伍交给一位指挥官一样，一路上神色宁静地坐着，有时闭目养神，有时睁开眼睛看看沿途的景象。车过中山路圆山附近时，看见来往的车辆行人那么多，他还对我说："我们中国人真会拜年，怎么到今天还有这么多人跑来跑去的。"

我说："今天还只年初三呢，我们家乡的习俗，拜年可以拜到正月半。"

当车子弯进石牌的路上时，他忽然记起了孩子，睁大眼睛问我说："小孩还没有吃饭吧？你有没有关照他们先给孩子们开饭？"我告诉他，临走时已经和阿玉说过，她知道的，他才放心。

车子进入医院，远远地看见程先生和一位穿白衣的先生在一幢房子的前面,旁边还有一辆轮椅。我心里想,他们倒也想得周到,为他准备了把椅子,只是怕他逞强,不肯坐。正想着车已停下,程先生前来给我们打开车门,同时对南兄说:"这里离病房很远,怕你受了凉,医院准备了一辆轮椅,可以挡风,也走得轻快些。"我怕他拒绝,连忙接下去说:"那好极了,坐轮椅吹不到风,不致引起咳嗽。"

听我们这样说,他没有作声,任凭我们把他扶上椅子。由我自己推着,进入病房,这时是中午十二时三十分。

医生来给他做了一次详细的诊断,打了500毫升的盐水针,到了傍晚病人觉得舒服得多,终于安然入睡了。我和主治医师研究病人的饮食,过去为了治血脂肪,南兄的饭食很少油类和蛋白质,但是此刻他的体力较弱,急需营养补充,医生也不主张再禁食,凡是养分高而容易消化的东西都可以吃。晚上我亲自调了一杯好立克牛奶和一杯鲜橘水给病人服下,后来医院送来一小碗麦片,他也吃了一些。由于休息和食物的补充,南兄的精神大为好转,等到七点钟光景,蒋经国先生和另外几位朋友来看他时,他已能高声地向他道谢,并说了一两句笑话。八点多钟他就睡着了,我坐在床边的椅子上,低头默祷,感谢上帝给他这个休息的机会。

第二天早上,丁大夫来看他,认为情况大有进步,我很是欣慰,曾经半带请求半带拜托地对他说:"丁医生,我真要谢谢你说动他来住院,这次他来了之后,请你给他彻底治疗,不到完全康复不要答应他出院,你知道劝他进医院真不是件容易的事。"

丁大夫笑着回答说:"当然,不到完全康复,我们决不会让他出院的,等他这病好了之后,我们还是要给他来一个彻底检查,连那两个牙齿也给他补好。"

"那好极了,我希望他这次病好之后,二十年内都不再生病。"

"好的,好的,我想一定可以的。"

说着,他和我握握手,愉快地离去了。

下午照了几张 X 光片子,他的咳嗽已经好得多,胃口也好了些,晚餐时吃了半杯牛奶,半小碗挂面和半个蒸蛋。这时两个男孩子也来看爸爸了,这个病房有电梯上下,孩子们以前没有乘过电梯,觉得很稀奇,一会儿跑到爸爸床边,一会儿又跑去乘电梯。我怕他们太吵了,妨碍病人的安宁,把他们叫到旁边不准他们乱跑,他们爸爸问明情形后就笑笑对他们说:"好,你们再去乘一次电梯就回去,要当心,不要让它把你们挂在半空呵!"孩子们又一溜烟似的跑出去了,他目送着孩子们离去,脸上挂着满意的笑容,我相信他心里一定在想,就是为了这几个生龙活虎般的孩子,做人也是值得的呵!

第三天的情形更好,医生告诉我,从 X 光片上看来,腰子已经伏下去，没有当初那么肿；肝脏都已接近正常状态；血压高度是一百一，低度是七十，相当好；饮食方面，早餐喝了半杯豆浆和一小碗麦片，中午吃了半碗鸡汤，半杯豆泥和一些挂面，晚上吃了一杯牛奶，半杯蒸蛋，和少许汤面。像这样下去，或许一个星期之后他的体重就会增加好几磅了。我的心情愈来愈好，有时真会觉得是陪先生度假似的。

第四天是星期日。南兄像有预感蒋公会去看他似的，早上吃过早点后就要人扶他去浴室洗脸刮胡子。我怕他太累了提议请人替他刮，他坚持要自己来，因为身子毕竟还很虚弱，刮好胡子洗好脸出来已是疲倦不堪。当我们好不容易扶他再回到床上时，消息传来，蒋公果然要来了。到了十点钟光景，他老人家带着侍从医官步入病房，南兄看见蒋公驾临，支撑着要坐起来。蒋公示意他睡下，走到床前，用手去摸他的额角，试试有没有热度。南兄只说了一声："'总统'您看我来了！"就两眼含泪说不下去了。蒋公对他说了几句安心静养的话，就离开病室返到另一间房子，召主治医生去询问详细的病情。听取医生报告之后，还嘱咐他要用心医治，尽可能使南兄早日恢复健康，足足坐了十多分钟，临走时又叮嘱我小心看护病人。当我俯首听命之时，内心感情激动，泪水扑簌簌地滴下来。蒋公离去后，我回到病榻，南兄问我蒋公在此的情形，我一一相告,他听后那苍白的脸上升起了红润与光辉,一抹欣慰的笑容出现在唇边眼角,最后,闭上眼睛安静地睡着了。可怜他自幼丧母,生活孤苦,直到进入黄埔军校之后,才在蒋公的提携爱护之下,崭露头角。四十年来,他老人家不但是南兄的"恩师",也是他所敬爱的家长,是他那种赤子的感情所寄托的对象。南兄出生入死身经数百战,从来没有一丝一毫的自私自利的想法的,他素来很少表露内心的感情,只有那次从成都飞出,因气候关系迫降三亚时,他因听见第一个从台北去的人告诉他蒋公听见放弃成都的消息时心里很难过,看上去脸容憔悴,忧心忡忡。他听后捶胸顿足,沉痛而自责不已。

十一、十二两天的情形仍很有进步,体温脉搏都已正常,血压虽略为低一点,医生认为并没有关系。咳嗽已完全好了,胃口更佳,普通一餐可以喝一杯牛奶,半碗麦片和一杯菜汤,中间还可以吃些水果和果汁。这时他生病住院的消息已经渐为人知,许多朋友来医院看他,但是医院方面为了要早日使南兄复原,谢绝一切访客。后来南兄知道了,就要把熟朋友带进病房去,他说人家从这么远的地方来,连一面都看不见,那是很不近情理的!就是为了怕来看他的朋友徒劳往返,他要我们尽可能地把他生病的消息保密,至少不要让报纸上登出来。因此,在这期内的几个朋友处的约会,他也不准我取消,他说如一取消,人家就会怀疑他的病很严重了。不得已我只好照他的意思做,结果后来有几个朋友简直不相信那坏消息是真的,因为他们在这期内还在朋友处看到过我。

十三日早上,丁大夫来做例行的病房巡视,走到南兄的房间,他愉快地对我说:"胡夫人,恭喜你,胡先生的病好得快极了,我看再过一星期他就可以出院了呢!"

我听后很高兴地回答说:"那真要好好谢谢了。可是请您别忘记,他还有些小毛病得修补,不等全部治好可不能让他出去呵!"

他笑着说:"那是一定的,一定的。"

他走后我更宽心了,走到病床旁边把医生的话向南兄复述一遍。他听后也很满意,不到十分钟就安然睡着了。这一天的生活记录如后:

零时二十五分——饮牛奶 4/5 瓶。

零时四十五分——量血压高 110 度,低 68 度。

一时零五分——入睡。

三时零五分——醒,小便 190 毫升。

三时二十分——吃绿霉素 2 枚。

五时五十分——醒,小便 190 毫升。

六时十分——量体温36.7摄氏度。

七时三十五分——感臀部针眼痛,用热水袋热敷半小时。

七时四十五分——注射医糖尿病针0.5毫升。

八时——主治大夫丁主任来看。

八时十分——试验肝脏机能。

八时十五分——入睡甚甜。

八时五十分——唤醒验血抽0.5毫升。

九时——注射盘尼西林及维生素。

九时零五分——量血压高110度,低60度。

九时十分——擦澡,换床单、汗衫。

九时四十分——早点,蛋1个,牛奶1瓶。

十时零五分——吃药。

十时十二分——入睡。

十一时二十分——醒,吃好立克约150毫升,苹果汁1杯之90%。

十一时四十分——睡。

十二时二十分——醒,小便200毫升。

十二时三十分——午餐吃菜泥一小杯,面条半碗。

十二时四十五分——睡。

下午二时十五分——醒,小便230毫升。

二时二十分——吃好立克一大杯。

二时二十五分——用电按摩器10分钟,感舒适。

二时四十分——静坐15分钟。

三时——吃橘子水半茶杯。

三时三十分——拍摄胸部照片。

三时四十分——丁主任来。

三时五十分——大便,体温36.6摄氏度。

四时三十分——睡。

五时三十分——醒,起床大便无,小便 230 毫升。

五时四十五分——吃鸡汤 1 杯,蛋 1 个,面条 3 匙,橘子水 1 杯。

六时——量血压,高 125,低 74,打针(消炎)。

六时十分——电按摩 10 分钟。

六时三十分——睡。

七时四十分——小便约 210 毫升,体温36.9摄氏度。

七时五十分——饮水 60 毫升。

八时——休息哼声气约 20 分钟使用氧气 10 分钟始睡。

八时五十分——吃好立克 1 杯,苹果 1/5,静坐。

九时三十五分——小便 160 毫升,吃消炎片 2 片。

九时五十分——入睡。

十一时——醒,小便 230 毫升。

十一时十分——入睡。

  在五时四十五分我喂他吃东西时,他问我为什么还没有走,因为他知道那天有几个朋友要到家里吃饭,那是一个月前约好的。他病了之后我要改期,他不准我改,目的就是要我维持正常的生活,免得朋友怀疑。那时我等他吃好,把他安顿睡下就匆匆赶回家去了。九时后客人散去,我又回到医院,照顾他的人告诉我,刚吃了东西睡下去,我看一切都好好的,就再回去照顾小孩,因为那天广儿患重感冒,发高烧,我必须在十点钟给他吃药。

十二点钟光景,我正在给广儿量体温,桌上的电话铃猛烈地响了起来,那响声,竟像雷电似的惊动了我整个心灵。我骤然地跳起来去抓听筒,是程太太的声音,叫我马上去医院,我放下听筒就往外跑,着急得把一颗心也跳出喉头了。从家里到医院的十五分钟真的比十五年更长,到了医院奔上楼,推门进去,他们竟把我的丈夫放在氧气罩里了。我急着问那位站在旁边的主治医生究竟是怎么一回事,他叫我不要着急,病人只是有点呼吸困难,过一会儿就会好的。我伸手到里面去摸摸南兄的胸口,觉得暖暖和和的,心似乎在跳,再摸摸他的手脚,也都很温和,心里才略为放心。我问医生氧气罩要多少时候才拿去,他说大约要半小时。我问照顾病人的参谋为什么两小时前还是好好的,现在会这样,他说大约是做了个噩梦,在十二时十分忽然从沉睡中大叫,当他跑到床前就看见南兄脸色红红的,呼吸有点急促的样子,于是就把医生请来了。

我站在旁边目不转睛地看着,南兄在张嘴呼吸,别的并无异样,五分钟,十分钟,十五分钟!半小时都过去了。但他们并没有把氧气罩拿去,我愈来愈紧张了,再伸手进去摸摸,一切都仍是温暖的,再问医生还要多久,他说可能要再过一两小时。我想也许可以请牧师来祷告祷告,就去打电话给张太太,半小时后她母女俩和谢牧师一同来了,看见牧师我真像看见了救星似的,拉着他,眼泪就像泉水似的涌出来,他叫我不要着急,和我一同跪下去祷告。我们跪在那里恐怕有一小时之久,这时已经三点钟了。他们仍未把氧气罩拿去,那时我真有爬到里面去和病人一同躺着的意念,因为我在外面等得实在太久了。这时不知怎的,已来了很多朋友,也不知是什么人提议说我站得太久了,劝我到对面房里休息一会儿,当然我是不需要休息的,可是竟莫名其妙地给人拥到对面房里了。大约坐了有十分钟光景,我内心有极强的感觉非马上去对面房里看南兄不可,就猛然站起来跑了过去。一推门进去,我发现氧气罩不见了,房子空荡荡的,仔细一看前面床上好像躺着一个人。怎么,他们把我的丈夫搬回床上都不告诉我,他醒来没有看见我一定要奇怪的。我连忙跑过去掀开白床单,是的,那是南兄,我亲爱的丈夫,可是他仍然在睡觉,并没有醒。我摸摸他的脸,怎么那么凉,赶快摸胸口,仍然温温的,再去拉他的手,没有拉到就给旁边的人拦住了,抬头一看,四周站满了人。他们竟都向我包围来了,有的抓住我的手,有的抓住我的臂膀,有的抱住我的身体。为什么呢?为什么他们要这样对我呢?难道?难道?难道?不可能的!不可能的!不可能的!上帝呵,这是不可能的呵!……

一九六二年二月十四日的下午,蒋公在军队干部会议上对满堂的高级将领，以极沉痛的语气这样说："胡宗南同志已经在今天去世了。"

　　同年六月九日，数百位亲友伴同我和孩子送南兄于阳明山上的纱帽山麓，墓庐依山面海而筑，他在那里可以看见海那边的家乡。那天傍晚，亲朋散去，砌墓工人走了，孩子们也走开了，我独自一人伫立墓前，俯仰之间，但觉天地悠悠，沧海茫茫，三十年岁月，只是一梦！

辑　二

结婚十周年 /

我从小喜欢那些英雄美人的故事,长大以后就心甘情愿地做个军人妻,可是军人以身许国,哪里顾得了多少儿女私情,我们结婚以来真是聚少离多,一年中难得有一两个月是在一起的。

日子最难过的是第一年。我们结婚刚三天,新婚燕尔,两情正浓时,他却不得不披上征衣,离我而去。我一个人孤零零地尝尽了别离滋味,虽然那时候他已经为国家负着重任,但是月下花前,我仍免不了有那种"忽见陌头杨柳色,悔教夫婿觅封侯"的少妇情怀,往往一个人在院子里徘徊沉思,不知如何打发那大好时光。

我是一个受过现代教育的人,脑中憧憬于西洋人的生活方式,对于结婚纪念特别重视,所以一开始就计划着如何来庆祝我们的第一个结婚周年,最初还只是计算着日子,日子一天天接近了,就考虑到庆祝的方式。曾经想到举行一个盛大的宴会,广邀至亲好友来大大地热闹一番,但恐怕习于俭朴生活的丈夫不同意,又想到我们既然结婚三天就告别离,也许可以在周年的时候来补度一次蜜月,找一个山明水秀的好地方,两个人静静地厮守个十天半月。不过在这漫天烽火的时候,他哪里来那么多的空闲呢?后来又想,如果届时他无法离防,也许我可以飞到他那边去，我俩就在前线欢聚几天，让战地的号手为我们的纪念日而吹出雄壮的进行曲。可是自己也知道那不过是一个绮丽的幻想。最后我想，只要他回来，只要我俩在一起，其实无论怎样庆祝都是很好的。在日子快到的时候，我就写信去提醒他这个意义重大的日子，千叮、万嘱，请他到时候回来一趟。

在纪念日的前一星期，我就天天提早起床，盛装以待，盼望他能出我不意地出现在眼前。每次只要门铃一响，我就跑到窗前去张望。虽然次次都是失望，我都毫不灰心。

我们那最最重要的纪念日终于到了，他却音讯全无，可是我仍然相信他那天会赶回来的。大清早起来就加意修饰，并且穿上结婚那日穿的衣服，吩咐女佣做好几道他爱吃的小菜。自己却除了等待以外什么事也不想做，每隔一两小时就去照照镜子，梳一下头发，或在鼻子上扑一点粉，时间一分一秒地过去，院子里毫无动静。连一封信，一个电报都没有来。午饭等冷了，晚饭也等冷了。直到半夜我才以万分惆怅的心情，卸妆就寝，但是睡在床上，还盼望他能在深夜飞临，把我从梦中推醒。

后来，我才知道，就在那几天，他正率领部队在某地与共产党的军队激战。

自从那次失望以来，在第二、第三年，我虽然还记得日子，已不敢再存庆祝的奢望了。往后，孩子接踵而来。家务、儿女把我忙得连喘息的机会都没有,像那种富于浪漫气息的生活更不易享受得到,对于结婚纪念日也就不去记它了。

上月,在一个寂静的下午,他却意外地从那漫天风沙的前线岛屿飞回来。一推门进来,便以无限温情的眼色注视着我说:"苹,你知道我这次是为什么回来的?"

"要事待商,奉召而回。"我笑着说。

"这次你可猜错了,你记得明天是什么日子吗?"

"明天,明天是什么日子呀?"我反问他,我想明天并不是什么重大的节日,孩子们没有说学校要放假,可是为什么他特别回来一趟呢?我有点糊涂了,他看我那种迷惑的样子不禁哈哈大笑,拉着我的双手,在我的脸上搜索一阵才说:"你真的记不起来了吗?想想看,明天是哪一月,哪一日,在十年前我俩做了些什么?"

我仔细一想,今天是十九,明天是二十。三月二十,十年前的三月二十呵,我恍然大悟了,明天是我们的结婚十周年纪念日!我不禁感动得热泪盈眶,立刻伏在他的肩头呜咽起来。做了十年的英雄妻,到了这十周年的纪念日才等得夫婿归来。

过了好一会儿,他转过头来在我的额旁轻轻吻着说:"亲爱的,我这次是完全为你回来的,你应该高兴才好呀!"

我实在是太兴奋了,没有回答他的话,只是把我的脸更凑近他一些,我感到无上的满足与欢愉,好像自己又是新娘子了。

　　晚上,我问他:"你既然是专门为我们的结婚纪念日回来的,那我们明天总得好好来庆祝一下,你打算怎样呢?"

　　"我只有一天的时间。"他说,"后天一早就得赶回去,还是让我俩静静地在一起过一天吧!如果你喜欢,明天下午我陪你做一次郊游,你觉得如何?"

　　我想了一想,觉得自己也好久没有去郊外走走了,出去呼吸一下新鲜空气,疏散一下身心,也是很好的,就问他了:"你想我们去什么地方好?"

　　"老地方好吗?"

　　"好的,只要能和你在一起,什么地方都好。"

　　我们就这样决定了。他说的老地方就是新店碧潭。他很喜欢那个地方,差不多每次回家都要去一趟的。因为那里的一湾碧水,和远山上的淡雾轻烟,很像我们的家乡风光。

　　第二天下午,送美儿到幼儿园去后,我们就驱车出发了。那天既非周末,又是阴天,所以游人很少。当我们踏上碧潭吊桥时,桥上冷清清的只有三两个人。我们站在桥上俯瞰潭上风景,只见稀疏的几只大船荡漾在深绿的潭面。三四只小艇穿梭其间,小艇上的舵手都是年轻的学生和军人,但也有几个穿红着绿的少女点缀在他们中间。远处的竹林梢头,飘浮着淡淡的轻烟,整个气氛是那么宁静、安详。我俩在桥上停留了一会儿,就携手走过桥的那一端,步上左边的小径,拾级再登,绕过一个小山丘,再往下走十几级石级,就是我们常到的碧亭。这是一个简陋的亭子,建立在潭右一块悬出水面的岩石上,顶子是竹片搭的。前面依着岩石的形势筑有一带半圆形的水泥栏杆,依栏而立,山光水色都在眼前,确是欣赏碧潭风景的好地方。这小小的茶亭在天气良好的时候常常是客满的,那天却一个客人都没有。我们一走进去,店主人如见故人,马上笑嘻嘻地上前招呼,替我们在靠栏杆的地方摆好一张小桌,两把椅子。给我沏上一杯清茶,给他倒来一杯开水。好心的店主妇还给我们送上一碟带壳的花生。

我俩并肩依栏远眺,他的一只手挽着我的腰,我的头轻依着他那强壮的肩膀。仰望对岸青山上的白云,俯瞰潭上的碧波舟影,轻风吹过,传来船上少女的妙曼歌声。我俩静静地站在那里,陶醉于大自然的景色,也沉醉于内心的温馨,我的心境慢慢地恢复到十多年前的恋爱时代了。我轻声地问我身边的丈夫说:"南,你还记得我们当年在西湖的情景吗?"

"怎么不记得,我刚才也在想我们以前的西湖划船的情形呢!"

"我那时很喜欢唱歌,尤其爱唱范仲淹的那首《碧云天》,每当我们划船到湖水,我就会情不自禁地高歌一曲。"

"我还记得有一次隔船的一位学生偷听你的歌后,还大拍其掌,连呼再来一个,气得我几乎和他动起武来。"

"可不是嘛,为了你那股粗野的酸劲,气得我还跑回家去哭了一场。"

"是的,那次可真惨,你整整三天不肯见我,也不接我的电话,弄得我走投无路,亏得妈帮忙,才得小姐回心转意。"

听他说到这里,他当年那种向我求情,发誓绝对不再吃干醋的可怜相儿又呈现在眼前了,我不禁仰起头来在他的下颚轻轻一吻。俗语说:"英雄难过美人关。"无论你是个如何叱咤风云的英雄好汉,在爱人面前就会变得一筹莫展了。过了一会他又接着说:"你还记得西湖上那个月下老人祠吗? 我们有一次还进去求过签的。"

"怎么不记得,如果不是那位月下老人的灵签,也许我还不会答应和你结婚呢!"

这当儿一阵冷风,使我感到颇有寒意,就拉他坐下喝茶。我们一面喝茶,一面欣赏眼前的景色,我们心满意足,万虑全消。南看着我那怡然自得的神气轻轻地捏一下我的手说:"开心吗? 这样的庆祝你觉得怎样?"

"开心是开心，但这次的时间太短了，明年你得补我一个蜜月才行。"我有点撒娇似的说，"我要去欧洲旅行，我要去游玩世界公园瑞士，也要去参观新兴的德意志，我要去欣赏那纸醉金迷的巴黎夜总会，也要去聆听那震撼心弦的意大利歌剧，我要去水都威尼斯划船，也要去浓雾的伦敦街头漫步，我要……"

不等我说完，他笑着插进来说："我还可以陪你去看印度的大象和非洲的蟒蛇。"

"我可不要那些可怕的东西。如果有时间，我们可以绕道南美洲，去尝尝墨西哥的酸辣饭，欣赏欣赏巴西的伦巴舞。"

"那倒也不错。我听说南美的姑娘最多情，也许我还会有一个意外的艳遇呢！"他说着向我投来一个挑拨的微笑，我却也不甘示弱，接下去说："那也没有关系，只要你有兴趣，我们还可以去找加拿大最美丽的红狐和阿拉斯加最纯洁的白熊。"

"好啦，好啦，我的好太太，关于世上的动物，我看再美也美不过我家的雌老虎！"

"你这人真讨厌，我……"

听他这一说，我站起来伸手就想去打他。恰巧老板娘来冲茶了，我只好强作正经地坐下。这时暮色已深，对面新店街上,家家屋顶,都已冒着炊烟,潭上那些船不知什么时候都已靠岸了。可是我们还是无意离去,那老板娘倒也知趣,看我们没有去意,就悄悄地退下去了。

我们继续谈笑着,喝着茶,偶尔也抬头看看潭上的薄暮景色。我们已忘记了时间,忘记了我们以外的实景,完全融和于彼此的伴侣中,甚至把我们的孩子也暂时忘记了。直到天完全黑了,老板娘掌上灯来,才悟到时间确已不早,只好依依不舍地付了茶资,互相搀扶着步下山径。当我俩手挽着手,再踏上那微微震荡的吊桥,向回家的路上走时,桥上来往的行人都向我们注视。南附在我的耳畔轻声地说:"你想他们以为我们是什么关系?"

"一对中年的情侣。"我笑着回答。

当我们走过那座伟大的吊桥,回到万家灯火的台北时,我深深地感觉到,我俩已幸福地度过了我俩生命过程中一段重要的旅程。

一九五七年

倾 诉 /

你知道我在旁边吗？你听得见我的声音吗？

亲爱的南兄，这一个多月以来，每天早晨当我来到这里，向你絮絮细语时，总忍不住又要再三这样问你。仅仅隔着一层薄板，竟已像万重山啊！

仅在不久以前，你每天都微笑着谛听我的倾诉。当一天忙完了，孩子们都睡了以后，茶香和着笑语，你那深情的眼光，二十五年如一日。

记得吗？亲爱的，今天是什么日子？二十五年前的今天，你我初相识，在那风光旖旎的西子湖畔。

你的英名，我已久仰，那天一见，更为你的丰采所倾倒。你的仪态潇洒，谈吐豪迈，我私下忍不住想：这正是梦里的王子。有一天，我愿依偎着他坐在那白马鞍上，任他带我走向高原、大海、天边！

当时除了你、我，还有一位朋友。大家沿着湖滨散步。我们一边走，一边谈，河滨公园的桃花似锦，湖上的帆影片片。虽然你的个性十分爽朗，我却是很羞涩。爱，能使人变成一只呆鸟，原来我在见你的第一眼，便以心相许了啊。

我们从第一公园慢慢走到民众教育馆。到了那里，你说有事，要先走一步，约好下午再来我家。可是还没到下午，只是一小时后，当我去车站送客时，你又在那儿了。火车开后,你要送我回家,我有点忸怩,正迟疑间,你已抢前一步,为我打开车门了。

下午,我们刚放下中饭碗筷,你就来了,一坐就是两三个小时。你说,你曾在杭州念中学,对那儿的名胜古迹最熟悉,于是我们从岳坟、雷峰塔、三潭印月,直谈到九溪十八涧和龙井。你问我为什么龙井的茶那么清香?我说因为龙井的水好。你说不对,那是因为龙井的茶叶都是十七八岁的少女采的,那茶叶上沾了少女的纯洁与芬芳。我笑你牵强附会,心里却在暗想,你真是一位风流儒雅的将军。

晚上你又来了!一谈又是两个小时,这次你又跟我谈历史了,从项羽、虞姬直谈到越王勾践,我提到西施失踪之谜,以及范蠡泛舟湖上的传闻;你说这些说法都是不可靠的,西施很可能是殉国了,因为以当时的环境,她绝少逃生的机会。我非常佩服你的见解,我们一直谈到十点钟。

这一天我们就见面了四次,后来你告诉我,若不是怕我的家人误会,那天还可能会有第五、第六次的见面,因为你回去之后,总觉得意犹未尽,很想马上再来看我,急得好几次都要往外跑了。

一见钟情往往是属于小说电影的虚构,亲爱的南兄,对我们来说,却是千真万确的事实。从那天以后,你只要有空闲就会跑来看我。我们一同游遍了杭州的名胜古迹,庙宇山水。后来我去上海,你又到上海去看我,我们常常一同去江湾看海，在一家罗宋人开的馆子里享受那浪漫凄迷的异国情调。我们是如此相爱相悦，即使把话说完了，默默相对，也令人醉心。三个月后，我们就结下了白首之盟，把婚期定在那年冬季。

可是卢沟桥的炮火却耽误了我们的婚期，而且这一误就将近十年！

十年啊！十年！照你初见我时一日就要会面四次的急切来说，十年是何等可怕的等待！你以抗日救国为己任，"匈奴未灭，何以家为"，不再谈婚事；我为了等你，并且使你免去后顾之忧，也暂时收拾起心情，远赴美国深造。在这漫长的日子里，我经过了多少的试探和引诱，假如不是我俩的情爱坚逾金石，如不是我俩都受过重然诺、守信义的教养，我们怎能还有今日？记得我们在重庆重聚，你回西安后曾寄我一首诗，其中有句"犹见天涯奇女子，相逢依旧未婚时"。可是，亲爱的南兄，如果只靠我的痴心，仍是很危险的，更重要的是你的深情和专一。我知道在那段期间，有多少人曾关切你的婚姻，你辜负了多少朋友的好意，而宁愿以中年的光阴作无尽的期待！

重逢已是一九四五年初春，抗战胜利在望，我终于完成了学业，以万分兴奋的心情，远渡重洋，绕过半个地球，飞越驼峰，历尽艰辛，回到了你的身畔。我们两手相握，四目相注，你眼中有泪，我眼中也有泪，我的情人，上帝不负苦心人，我们到底又相见了。是真？是梦？我不禁伏在你肩上伤心地哭了起来。你温柔地拍着我说："不要哭了，你应快乐！霞，我们再不会久等了，在最近的将来，我一定以伟大的'战果'来作迎亲的聘礼！"

南兄，你没有失言，更不是说大话，第二年的春天，你就给我发来指示，只有简单的五个字："即日飞西安。"

南兄，当时的情景，历历如在目前。那天，我由我的弟弟和两位好友护送到明故宫机场，下午三时到达西安，四时由程先生夫妇陪同乘汽车直驶兴隆岭。进入大门，但见满园牡丹盛开，花团锦簇，恍如仙境。而你，我的新郎，已经戎装佩剑，胸前挂着军人最高荣誉的勋章，红光满面，笑容可掬地向我走来。车子一停，你亲自为我打开车门，扶我下车，挽我前行，进入大厅。

厅中红毡铺地，凤烛高烧，两本大红金字婚书摊在铺着大红绣花桌披的案上，两旁是四盆象征我们爱情永驻的松柏和万年青。在场的客人虽然不多，我们却有两位介绍人和六位证婚人，当我和你并立在红毡上，谛听证婚人宣读婚书时，我的眼中一直含着欣喜的眼泪，你把婚戒套上我手指的顷刻，我只觉浑身是爱。啊，我真沉醉在幸福的芳醇之中！亲爱的，我至今仍可从这婚戒的光辉里想象你当年的音容笑貌！

十年的盼望，十年的等待，万般的烦闷，万斛的相思，都在新婚的甜蜜中被抛到九霄外去了。婚后的两天,你暂时搁下不太紧急的公务,整日在兴隆岭陪我,我们一同在园中赏花,一同在松柏夹道的小径中散步,一同在廊下品茗,一同在灯下论诗。你还带我去附近的名胜古迹游览,为我讲了许多长安的掌故。我们是好夫妻,也是好朋友、好伴侣,我俩都沉醉了,不知周围有别人,浑忘世上有风云。

第三天早晨,你不得不进城去处理要公。自你去后,我独坐廊前,等你归来,满园的花木,远山与白云,对我忽然全无意义,我所盼望的,只是载你进城的那辆绿色吉普。等着、等着,到了晌午的时分,一声悠长的喇叭,到底把你带到了我的面前。你一跃而下,牵着我的手回到廊下坐定,并且告诉我那个虽在意中却很不愿意听的消息。你说,短期内你必须赶赴某地,你已为我买妥明天飞南京的机票。那天下午,满怀离情别绪,但为了珍惜这宝贵的时间,我们还是强为欢笑。南兄,我怎敢抱怨?十年的别离,我已够坚强了,做军人的妻子,永远只能记住国家第一,民族至上。但我是个人,是个有血有肉,知道快乐,也知道痛苦的人,我从心底疼你,舍不得你,但为了怕你英雄气短,也仍只有欣然就道。

离兴隆岭时天还没有大亮,驾车的不是你平日的司机,而是随侍在你左右的那位青年军官夏参谋。当车子向晨雾迷蒙的西安奔驰时,你笑着对我说:"看你多么神气,夏参谋做你的司机,我做你的卫士,你真是一位幸福的新娘呢!"

是的,亲爱的,我不但是幸福的新娘,也是幸福的妻子。从那时到现在,十五个年头过去了。在这十五年中,我们的小家庭总算平静安宁。你虽与我总是会少离多,但你我之间的感情随岁月而俱深。这些年来,你对我不但体贴入微,彼此也从未红过脸。偶然我们的意见不一致时,让步的总是你。你常说:"一个丈夫,在妻子面前,争得面红耳赤,像什么样子!"我知道你的脾气,也不会对你有什么争执。蒙上帝的恩惠,又赐给我们四个可爱的儿女,使我们的家庭充满孩子的欢笑和歌声。我曾说,天意的安排也真好,当你驰骋于疆场时,没有把妻子儿女去累你;现在当你暂时过一段较为悠闲的生活时,就给你这一群儿女来承欢膝前。在你住进医院的前两天,我们四个孩子组成的"胡家乐队",还曾为你表演了十几个节目。南兄,谁又知道,这就是你最后一次的欣赏啊!

许多朋友都说,与其说是心脏病夺去了你,不如说是平日你太苛待自己了。自奉之薄,使不了解我们的人以为你是矫情、做作。直到病况已很危急时,你还拒绝住医院。你太倔强了。岂料自古英雄怕白发,一个人再倔强,强不过造化。我为你可惜,为你痛心的是,你这么倔强一个人,身经百战,不死于战场,却死于病床上,赍志以殁!亲爱的,我知道你死去也是一百个不甘心,不甘心的啊!

此情可待成追忆,欲说当时已惘然,这永别的前后,我一直是在半昏迷中,不知自己置身何处。只觉五内俱裂,真想随你而去。我常恨我的心是活的,是会跳跃、会痛苦的。新婚乍别,还能期待着很快就可重聚,现在,天上人间,教我要期待多久呀?

南兄,你走得太突然了,我受不了!至今已经一个多月,我总觉这不是真的,像一场恶梦,而在梦中,我身不由己,竟还忙着营葬你,为你看墓地,按着图样施工……忙着忙着到底渐渐地醒了,不得不承认这是事实了。亲爱的,我发现我的心也碎了!

我不得不面对现实,如果马上追随你而去,对于四个孩子来说,是太残酷了。他们都还这么幼小,为了他们,我要勇敢地活下去。只是,亲爱的南兄啊,没有你,我显得这样软弱,我不知我能支持多久?多久?……

我对你说了这么多,你听得见吗?我是相信有灵魂的,南兄,你一定要常常伴着我,扶持我,像你在世时一样。还记得今天是什么日子吗?二十五年前的今日,你一趟一趟地来看我,今夜也给一个梦吧,仅仅是一个梦,我等着你!

一九六二年

茫茫一百日 /

这几天情绪略为平静,回想起过去的一百天真像是做了一个悠长的噩梦,可偏又不是梦,如真的是梦倒好了,梦醒后一切仍是美好的,而我所面对的却是永远无法弥补的缺陷啊!

记得当南兄那么骤不及防地离开人世时,我真是忽然从鸟语花香、绿草如茵的原野坠下了黑暗恐怖的万丈深渊。迷乱、绝望,极度的悲伤使我变呆了,脑子是那么乱哄哄的,对事物完全失掉理解力,情感也枯竭了,甚至连母爱的天性都隐没了,感到人世间的一切都毫无意义。有时候,自己都在怀疑,为什么还要活下去,日子过得昏昏沉沉,就像一架机器人似的对付着日常的生活。白天,一切都是乱糟糟的,很多的朋友来看我,人像潮水似的涌进涌出,每个人来谈的都是同一个题目,南兄的死。起初,只要一提到,眼泪就会不自觉地流出来,真可以说是整日地以泪洗脸,后来连泪泉也像枯竭了,说到伤心处只感胸口发闷,喉咙哽塞,眼睛是干涩的。夜里亲戚朋友都走了,孩子们也睡了,剩下我一个人,静寂使我的思想开始活跃,于是就仔仔细细回想着南兄得病的经过,在医院里的种种情形,医生对我所说的话,越想越不相信他是真的死了。只病了那么短的时间,不久以前还是生龙活虎似的,就是在病中也是头脑清楚，信心坚强的，在我的心中从来都没有一点点他会死去的暗影，就是去的当天晚上我们还是说笑着的呀，这教我怎么能够面对现实？怎么能够甘心？一百个疑问盘旋在我的脑中使我无法合眼。

　　但是事实终归是事实，他确是不在我身边了，等到那最后的疑团也不存在时，我的心死了。俗语说："哀莫大于心死。"一个心死了的人确是可怜，我本来是一个有多种兴趣的人，爱花、爱树、爱音乐、爱看电影、爱读小说，也爱和朋友聊天，可是到了那时却对什么都不发生兴趣了。在我书房的窗前有株扶桑，它那绿油油的叶子和挂满枝头的红花常常是我灵感的源泉，有时当我伏案写作时，想不出佳句就抬头向它看看，欣赏一会儿以后好句就从笔尖出来了。后来几番春雨后它的叶更绿了，花更红了，但我这赏花人却无心去欣赏了。我那小小的院子里种有几株茉莉和杜鹃，也有好几盆兰花和菊花，过去、拔草、浇水都是我日常的工作。自从南兄死后，我再也无心去料理，任它花谢、叶枯，一条小径长满了荒草，我偶尔在那里走过，也懒得去看一眼。

　　我并不懂音乐，但喜欢听，平常在晚饭以后，总要叫孩子们放几张唱片听听的，这时候对它却一无好感，只要孩子们一打开收音机或放一下唱片，就觉得心里烦乱不堪，叫他们赶紧关掉。那些雄壮的交响乐章，那些婉转歌喉，对于一个寂寞凄凉的心,似乎都不能交流了。

书报本来是我每天不可或缺的精神食粮,这时候我对它们也没有胃口了。有时,夜深人静,百无聊赖,我也会顺手拿过堆积在案头的报纸翻开来看看,但那些国际要闻、国家大事,对我都无关了,再大的标题在我的心目中只是几个大号的铅字。

至于书,我也很少摸了。在这期间也曾经接到过几位朋友自己写的作品,他们是希望我能够从那些书中得到安慰的,可是我拿到之后,翻开来看了一下,也许还不到三行,我的心就又不知飞到哪里去了。有时候会在一页书上停留个半小时,而对书上的意思仍是一点不懂,最后只好翻两下就摆开一旁,真不知辜负了朋友们几许好意呢!

对物如此,对人又何尝不一样,多么奇怪啊,一个人伤心到极点时竟连被爱和爱人的能力都丧失了。亲人、好友,她们对我说了多少劝慰的话,流了多少同情和怜悯的眼泪,虽然那些语言和眼泪也曾使我的心灵微颤,但再真的感情好像都无法穿透这颗冰冷的心了。他们在面前时我还是会哭、会诉,他们一走,我就觉得茫茫然了,在那么多天里,多少的友谊和爱心,都不能给我一点安慰。

最可悲的是我连自己的孩子也不爱了。过去我的大部分的时间和精力都用在他们身上,他们的笑声是我快乐的源泉,他们的成绩是我最大的安慰,只要他们健康活泼,他们读书成绩好，我就心满意足，觉得这世界真可爱，做人真有意思，如果他们有点伤风咳嗽或其他的小毛病，我就坐立不安心乱如麻，惶惶不可终日。我每日一早起来亲自为他们预备早点，亲自送他们上学，下午计算着时间等他们放学回家照顾他们吃晚饭，晚上督促他们做功课，安排他们睡觉，星期假日我从来没有为自己安排节目，为的是要空出时间带小孩出去玩。南兄常常笑我，说我像个老母鸡带领一群小鸡，我自己也承认，我的爱护子女实在不亚于天性慈爱的动物，哪晓得南兄一死，我会变得那么厉害，竟连自己的孩子也不知道爱惜了呢！那时候我不但已无心照顾他们的功课和起居作息，对他们的一切也好像不再关心了。可怜的孩子们，没有了爸爸，又几乎失掉了妈妈！当我最伤心的时候，就是他们亲亲热热地来到我身边，轻轻地叫着"妈妈"，我也只是对他们看看，点点头，心里却无亲切之感。我的悲哀和冷漠使得孩子们无所适从了。大的两个只好把自己关在小房间里，埋头在书本上，他们已不再去打球，不再去下棋，不再找朋友们玩，也不再打开收音机听故事了。小的两个，尤其是最小的明明，素来是和我很亲近，老是挨在跟前的，这时候看我对他们那种不闻不问的样子，就不敢再到面前来。许多亲戚朋友怜他们幼小，都自动来照顾他们，带他们出去，买东西给他们吃。这种生活上的突变，和太多的照料和关怀反使得他们不知怎么适应才好,在很短的时间内生活习惯都变了。他们已不再像过去那么文静听话,他们的脾气变得很坏,常常哭闹,还会打人骂人,有时当我听见他们在那里大声叫嚷或对人无礼时,也想去教训他们一番,但都提不起精神,只好让他们去了。

在这段时间内唯一系住我心,使我继续生存下去的原因就是南兄的灵柩还停在殡仪馆,我想:"他的灵魂虽已上天,他的身体还在那里面,只要我能亲近他一天,我就要亲近一天。"因此,每天一天亮我就急着想往殡仪馆去。我无意梳妆也无心吃饭,只等孩子们一去上学就马上跟着出门,有时因为客人或其他的事使我不能趁早前去,我就心急如焚,连人家问我的话也会答非所问,他们以为我伤心过度精神恍惚,反而坐下多方劝慰,哪知他们的好意反给我心更大的煎熬!

到了灵堂我的心就安了,我确实地觉得他的存在,如没有别人在旁,我会用我的头依靠着棺材的一边,流着泪向他细细倾诉。我对他有说不完的话,诉不尽的相思,好像我们又回到恋爱时期了,在那里时间是永远不够长的,往往已晌午我并无意离去,总要别人再三催促才勉强举步,每次临走时我都抚棺和他说:"明天见,亲爱的!"虽然我看不见他的表情,但我想象着他一定会微笑点头的!

后来他的墓快修好了。我开始着急不安,我知道连这点亲近的机会也将没有了。我心里真不愿意把他送得再远一点。可是大家都说落土为安，还是早点安葬的好，我虽是一千个不愿意但又怕人家说我不通情理，说我自私，说我会使他的灵魂感到不安。想着他活着的时候，每次他出远门时我都是心里舍不得，脸上却只好装着若无其事般送他走。现在，这是最后一次的行程了，我这做妻子的，是不是也应该勇敢一点呢！天啊，做一个勇敢的妻子是多么的不容易啊！

终于在六月的一个早晨，我披上黑纱送他上山，送他到最后的安息所在了，当我眼看着砌墓的工人把最后的一块砖头封住墓门时，真是巴不得自己也能从那夹缝里钻进去和他一同封在里面呢！

在他安葬后的第二天早上，我没有地方好去了，茫茫然无处着落，只好把自己关在客厅里对着他的照片发呆。一会儿客厅的门开了，老大轻轻地走到我身边，亲热地叫了一声"妈"，接着其余三个也进来了。德德拉着我的手问："妈，您今天不出去了吧？"美美靠着我的肩膀说："妈，我真想你呢！"站在后面的小明，一下子投入我的怀里，用她的小臂膀围着我的头颈说："妈我爱你，我真爱你啊！"

这一连串的稚气而甜美的声音终于打动我这空虚的心了，我抬头看看他们，才发觉他们都变样了，他们的头发是那么长，脸色那么青，一个个又瘦又黄，天啊，这是怎么一回事啊？我心里一阵酸楚，眼泪像泉水般的涌出来了，我张开两臂把他们四人都搂在一起，语音颤抖地对他们说："我的好孩子，我的宝贝，妈妈爱你们，妈妈也真的爱你们啊！"

于是孩子们也哭了，母子五人哭作一团，可怜自从爸爸死后，这还是我第一次想到孩子，为了孩子而哭呢。就在这一刹那，我的心也随着母爱的复活而复活了。一道闪光照亮了我的心灵，好像有一个声音在对我说："你必须振作起来，爱他们照顾他们，你丈夫的生命并没有死，他的生命就寄存在这四个幼苗身上呀！"

当我再抬头起来看着南兄的照片时，我看见他在向我微笑，像是在对我说："霞妹，我真高兴你终于领悟了，此后你要坚强起来，好好教养这四个孩子，要知道只要他们将来有出息，你我的生命也会继续地放着光辉的。"

现在又一个多月过下来了，这些日子里我在试图振作，愿上帝给我力量，使我能负担得起未来的这副重担。

一九六二年

去年中秋夜 /

中秋节的头几天，美美忽然问我："妈，今年中秋节我们要不要去台大赏月？"

什么？中秋赏月？她的问题就像利箭一般射进了我的心房，一阵剧痛使我半晌答不出话来。

中秋节是一个象征团圆和欢乐的日子。它是属于多情儿女和恩爱夫妻的。对于像我这样一个失伴的孤雁还有什么意义啊？是的，在过去我是很喜欢过中秋的，年年此日总要快快乐乐地庆祝一番，然而今年的情形已完全不同了，我们还有什么值得庆祝的呢？这个破碎的心还哪能欣赏团圆的月亮啊！无知的小女儿，竟提出这个问题来。当时我真想责备她几句，可是面对着她那双天真无邪的大眼睛和一脸迷惑的小脸，又不想说什么了。我只是叹了一口气，低声对她说："孩子，我们今年不去了。"

中秋的早上我出去买了一束鲜花和几样水果供在南兄遗像前。我默默地对他说："亲爱的，你知道吗？今天又是中秋了！"

他给我的回答只是凄然的微笑。

晚上，我把孩子们都聚集在客厅里，给他们吃月饼和文旦。吃了一会儿，小明忽然发现他爸爸案前并没有月饼，就大声嚷着说："妈，怎么不给爸爸摆几个月饼？"

我还没有回答,广儿就对她说:"爸爸是不喜欢吃月饼的,你知道吗?"

　　她的小哥哥接着说:"是的,爸爸不喜欢吃月饼,小明,你记得吗? 去年中秋节我们从台大赏月回来,就在这里吃月饼,我们请爸爸吃,爸爸不要,你还拿了一个豆沙月饼硬塞到爸爸嘴里,把爸爸嘴唇染了一圈黑胡子,我们都笑死了。"

　　美美也说:"可不是! 后来妈妈说爸爸不喜欢吃甜的,还是请他吃点水果吧,就端出一个梨来叫爸爸自己削皮,哪知爸爸削好以后,爸爸切一块小明就吃一块,结果只剩了一个心子给爸爸自己吃。"

　　小德又嚷着说:"是的,是的,我也记起来了。后来我们大家不服,还罚小明唱一支歌呢!"

　　这一下,大家都记起去年的事了。于是你一句我一句,把去年过节的事一件件都搬了出来,我坐在那里呆呆地听着,我的心本来已去到遥远的地方,由于他们的追述渐渐地回来了。

　　往事一幕幕重演在我的脑际,一会儿好像我们全家都在月下散步,一会儿又好像就只我和南兄两人坐在客厅闲谈;我们幻想着门铃响了,他推门进来的声音;又好像看见他笑嘻嘻地跨进门来,手上提着一篮水果,那里面盛着的是文旦和香蕉;又像是看到他把两盒点心盒子摆在茶几上,我忙着去解绳子,孩子们围拢来伸长脖子在看里面究竟是什么东西,他却站在一边看着我们笑。……

当我还在那似梦似幻的境界中时,忽然惊觉到广儿悄悄地走到他爸爸的案前了。他仰着头向爸爸的像凝视着,慢慢地两行眼泪从他的面颊流下来了。一滴、一滴,那泪珠只是往下滴,他还是站在那里一动也不动,一声也不响。三个小的起初没有注意,后来不晓得是哪一个先发现了,忽然,大家都静下来,德德和美美同时丢下手中正在吃的东西,跑到哥哥的旁边,一边一人,抱着哥哥的臂膀,呆呆地站着。小明明起先还有点莫名其妙,看看我,又看看他们,刹那间她也好像明白了,立刻跑到我的跟前,投在我的怀中,哭着说:"妈,我想爸爸,我要爸爸啊!"

这时我那勉强在忍耐着的泪水像泉水似的涌出来了,我泪流满脸地吻着怀中的小女儿,一句话都说不出来。

夜深了,孩子们都已经去睡觉了。小明明也在床上睡熟了。

我轻轻地起来,打开二门,走到院子里。那时的月光很明亮,照得院子里的树木花草都清清楚楚的。可是那银白色的光辉显得那么生冷凄清,四围的环境又是那么静寂,我站在院中整个人几乎凝固住了。过了好一会才找到旁边的巴拉树,把沉重的身体依靠在那根主干上。我抬头看看天上的那轮圆圆的月亮,心里想这不就是去年的那个月亮吗？为什么在去年它是那么的美丽温柔，而今天却变得这样冷酷无情了呢？去年今夜，我和南兄带着四个孩子在台大校园中赏月，那时我们一路走一路谈天，追忆着多少绮丽的往事，梦想着无限光明的将来。走到路的尽头，月光下好像看见前面的花圃上有一丛竹子，于是我想起了家乡的田围，我靠着丈夫的肩膀黯然地说："我们不知道什么时候才能回到大陆呢？你想，如果有一天我们能够一同到西湖边去赏月多么好！"

那时我们说着就绕着校园往回走，月光隐约中孩子们一个个都找到身边来了。我们停下来和孩子们说笑了一阵，他们又跑着去玩了。我们走到一个池塘旁边，那个月亮就在池中央，好像离我们很近，南兄对我说："你累了吧？要不要就在这里坐一下，欣赏欣赏这水中的明月。"

我说："我不累，不过在这里坐一下也好。"说着就在当地坐下了。

我当时忽然想到"嫦娥应悔偷灵药，碧海青天夜夜心"那两句诗，轻轻地对我丈夫说："你想，一个人如果孤单单地过日子，生活是太寂寞了，今天的'月姐'，看着这一对对甜蜜的情侣和恩爱的夫妻也许心里正在妒忌呢！"

他笑着回答说："那么你是'只羡鸳鸯不羡仙'了！其实，做神仙也有做神仙的好处呀！"

我马上说："我才不要做神仙呢，但愿我们能永远这样生活下去就好了……"

这些对话好像刚刚说过,而今天,在这明月之下,却只剩下我一个人了!我并没有飞上天去做神仙,而我亲爱的丈夫竟真的给上帝接去了。

夜是愈来愈静了,只偶尔一阵凉风吹得巴拉树的叶子萧萧作响,我默默地靠在那里,打算站到明天。

不知过了多久,忽然听得纱门"啪拉"一响,一个细小的身影出现在阶前,只听得她叫了一声"妈",就见她向我跑来,两只细软的手臂紧紧地把我抱住,我像是在梦中似的,摸摸她的头。她仰起小脸用她两只乌黑的眼珠看着我说:"妈,我没有睡着,我听见您开门出来的,您已经在外面好久了,我不放心呢!"

说着,她就把我的两手放在她的小脸上,她那温暖柔软的小嘴唇轻轻地吻着我的手掌,一丝暖意透过我那冰冷的躯体和冰冷的心。我俯下身去吻着她的额角,低声对她说:"孩子,外面太凉,来,妈妈和你一同进去吧!"

一九六三年

大将军的小故事 /

　　很多人都以为胡宗南先生很神秘，其实他根本不神秘，只是他不喜欢常常有他的名字在报上出现，不喜欢浪费时间在喜庆宴会上，不喜欢向人们夸耀他对社会的贡献，也不喜欢一切虚伪的社交来往而已。他的朋友都是真朋友，他与部属、学生间的关系都是真挚而坦诚的。人家说"盖棺论定"，在他去世后的这十年来，我们享受到他所遗留下来的人情与友谊，实在是取之不尽，用之不竭。所谓"人在人情在"这句话，用在他的身上，就不恰当了。因为他生前既不求人情，也不讲究日常生活中的那些"礼尚往来"的通俗人情，他去世后我们却得到了他师长、长官的多方照顾，友好故旧的诚挚关怀，许多他生前和我们家庭很少来往的朋友，都对我们表示了浓郁的友情。

　　这情形我在几年前曾写过一篇文章表达了我的感受，这次"中华日报社"要我在他们"传记与传奇"专栏写一点有关胡先生日常生活的文章，起初我实在不敢尝试，经再三催促，只勉为其难地写几则小故事，但这既非传记也非传奇，只是真真实实的一些有关胡先生个人的小事。不过如果说一个人的日常生活以及他对人接物的小动作，可以表现出他的性格与人格的话，我所提供的这点数据，也可算是胡先生传记的一部分了。

胡先生原名琴斋，"宗南"是他去考黄埔的时候改的，胡家原籍是浙江省的镇海县，世居镇海县陈华埔朱家塘楼，他父亲际清先生在他两岁的时候到孝丰县鹤落溪村去经营药业，后来就在那里落籍，现在大家都知道他是孝丰人，胡家的籍贯也都改为孝丰了。他四岁的时候，母亲王太夫人就去世了，那时他仍在镇海，寄住在伯父家，直到他七岁的时候，际清公在孝丰续娶吴太夫人，才把他接到那里。从那时起，他前后从孝丰几位名儒读书，直到十四岁的时候，才入孝丰县城高等小学堂肄业，接受新式的教育，但由于他小的时候国学基础打得好，所以后来成为湖州一带知名的教师。

　　当他在孝丰高等小学堂读书的时候，因鹤落溪村离县城有二十多里，学校又没有宿舍，所以必须另外租屋居住，而他的家境并不富裕，租不起好的房子，只好在县城熟人家里租到一席之地，聊供栖身。那家人家房屋狭隘，而子女众多，平常吵闹不堪，但胡先生是个用功的学生，为了爱惜光阴，连寒暑假都不肯回家，这家小孩那么吵闹，使他感到非常困扰。后来得知他们的侧房，有一间房间是鬼屋，没人敢去住，他就自告奋勇地到那里去读书。可是那间房屋弃置已久，外面又是荒烟蔓草，所以蚊子很多，尤其是夏天，他常常给咬得满腿满臀都是红疱。后来他发现屋角有两个空酒坛，忽然灵机一动，把它搬过来放在跟前，再把自己的两只脚伸进去,这样蚊子就咬不到了。他这样的苦读有一天给房东知道了,房东又好笑又佩服,觉得这样一个年才十五的青年,能够如此勤奋向学,将来一定能有成就。

他不但好学,而且思想也很新,十几岁时,就对那条拖在脑后的辫子感到厌恶,认为那是落伍与可耻的象征,心里很想把它剪了,只是迫于习俗又不能那么做。恰巧当他小学要毕业的那年,就是武昌起义的那年。农历八月十九日武昌起义,九月二十五日孝丰就光复了。当光复的消息传到学堂时,县立小学堂的学生,全体大声欢呼,胡先生一听,马上高呼"大家赶快剪辫子!"自己拿了一把大剪刀,第一个把辫子剪下以作示范,其他同学看他一剪,马上响应,没有多久五百个学生个个把辫子剪掉了。

胡先生于十六岁时毕业于县立小学堂后,接着就考入全省著名的湖州公立吴兴中学,该校教员都是名士学者,如国文历史教员为德清朱谷荪先生,地理教员为苏州钮颂青先生(后为北师大教授),物理教员是江阴高子瞻先生,兵式体操教员为湖州陈其采先生,器械体操教员为南京周逸鸣先生,英文教员为上海孙仲谋先生。这个中学的前身是湖州的爱山书院,校长沈毓麟先生是同盟会会员,因见帝制虽已推翻,时局仍极混乱,就把全校学生组成"爱山同学会",内设文艺、游艺、体育三股。体育股每日课余学兵操一小时,由陈其采先生、唐贯经先生与一位日本教员分任教练，胡先生对于体操极有兴趣，尤其长于机械操，动作熟练为全校学生之冠，所以被推为体育股股长，并且连任三年。他这种对兵操及体育的高度兴趣与热忱，以及所受名师的熏陶，才使得他后来去投考黄埔军校，并且进去之后很快就显出了他的领导天才，在吴兴中学他是以第一名毕业的。

中学毕业之后，马上就被聘为母校孝丰县高等小学校国文史地教员，后来又在孝丰当时最完备的私立王氏小学任教。

可是他并不以当小学教员为满足，一九二一年他利用暑假独自到津沽山海关一带去旅行，观察地理形势，研究当地的民情风俗，回去以后对同事好友说："你们看吧，十年之后日本一定是中国的大患，而东三省更将先受其祸！"他们问他何以见得，他说北方一带来往的日本人很多，尤其是京榆路上都是日本浪人，那些日本浪人其实都是日本军人，当时他们还有些不相信，等到后来"九一八"事件发生，大家才佩服他的远见，而那个时候他已经是名将了。他后来投考军校，部分原因也是那次所见所闻的刺激，所以当一九二三年冬，听说孙中山先生在黄埔创立军官学校，并且在上海招生时，他就决定投笔从戎。当他离开孝丰的那天，没有给别人知道，只幼弟琴宾送他到城门口。

那时他身穿蓝布长衫,脚穿草鞋,手上除了一把油纸雨伞和一小包换洗衣服外,没有任何行李,出了城门他要弟弟回去,并且把手中的雨伞也要他带回去。弟弟不愿意他离去,牵着他的衣服哭着不肯放手,他温和地对弟弟说:"丈夫有泪不轻弹,不要哭了,你乖乖地回去,大哥只要有个名堂出来,就会回来的。"弟弟没办法,只好独自哭着转回去,而胡先生这一离家,直到北伐成功了才回去。

胡先生考进黄埔军校后,被编在第二大队第四队,那一队的同学虽然个个都比较矮,但个个身体强壮,操练时特别有精神,他同队的同学如王叔铭将军、冷云庵将军,现在都在台北。据说他们当年在学校时,只要是身材矮一点的,人家就知道是第四队的。可是胡先生因为在中学时已对兵式体操很熟练,进了军校后,术科方面就显得很突出,据说不到三个月,就直接被派做实习连长,而没有经过班长、排长的阶段。

一九三二年初,胡先生任第一师师长,那时他已经很出名,大家都知道第一师是铁的队伍,凡是人才都希望到第一师去。其时林蔚文先生给他介绍了一位参谋长,这位参谋长原是军事委员会的高级幕僚,本身已颇有名望,因为慕胡先生之名,愿意做他的幕僚。当时第一师驻在龙潭,胡先生为了礼遇这位参谋长,就带了一位随从参谋,亲自到南京去接他。到了南京和平门车站,胡先生在车站等候,叫随从参谋把新参谋长接到那里相见,不久随从参谋就去把新参谋长接来了。当他们到达和平门车站时,那位新参谋长大吃一惊,原来他心里想胡师长名头那么大,派头一定也不小,这次既然亲自来南京,他一定是坐着花车来的;哪知孤零零地停在车站的只是一辆手摇车,天气那么寒冷,而那位师长却气定神闲若无其事地安然坐在那辆手摇车上。看到他们到来,他马上跳下车来,让那位参谋长坐在中间,自己却和那位随从参谋分坐在两边;参谋长再三谦让,他都不同意。大家坐定之后就向龙潭驶去,途中他希望车子加速,又怕摇车工人太累了,就亲自下座去和他的随从参谋一同与工人换班摇车。在这种情形之下,那位参谋长感到万分尴尬,而这位师长却毫不在乎地摇得很是快乐。

这种情形当时可能有人以为是他有意做作,事实上他认为劳工神圣,这工作别人可以做,他自然也可以做。后来第一师驻军在天水时,为了军用需要,在短期内必须完成一个飞机场,他每天亲自去机场视察,看看工程进度不够快,他就自己去和士兵抬箩筐运土。别的士兵看见师长都亲自来做了,觉得非特别卖力不可,于是大家都做得格外起劲,不到三个月,一个简易的机场居然完工了。

胡先生的衣食住行都很是俭朴,像那样的豪华客车不坐,坐摇车的例子很多,另外他因为从来身上都不带钱,出门时总有人跟着替他付钱,渐渐地竟下意识地忘记用钱那么一回事。

在一九三二年,有一次他在杭州楼外楼请朋友吃饭,吃完饭把客人送走,他自己也上车走了,竟忘记了付账。饭馆的老板知道那位是有名的胡师长,不好意思把他拦住,就让他去了,不过他也想这位有名望的大官,绝不用愁会付不起饭钱的。于是天天等着他派人送钱去,哪知左等也等不到,右等也等不到,好几个月过去了,仍然没有送钱去。于是他打听到他一位随从参谋的姓名住址,然后给他写了一封信去,请他代为索债,那位参谋接到信后已记不起这回事,就把信拿去给胡先生看。他看了信后,思索了很久,最后终于记起这回事了,于是大呼惭愧,叫那位参谋立刻以加倍的钱汇到杭州去给那位老板,并向他说明经过。

像这样类似的事还有一次,就是在上海撤退前不久,他有要公去奉化,途经上海,碰到几位好友,就约同一起去一家四川馆吃饭。因为过去他从来没有自己付过账点过菜,所以不知道菜的价钱,也弄不清自己口袋里的两块"袁大头"有多大的价值,叫了几色可口的菜,弟兄们痛快地吃了一顿,可是到了付账的时候,口袋里摸了半天,摸出来的钱只够付零头。后来,还是同去的一位朋友,把他太太给他放在口袋里以防万一的钱凑数了。事后我们几位太太们聚在一起谈起这件事，那位贤大嫂笑着说："我说以防万一，那次果真派上用场，不然可能那馆子老板也会找上门来呢！"

胡先生最不喜欢一般迎送的礼节，更怕那些迎送的场面。有一次他由南京开完会回到开封，第一师在开封有个军官训练班，那训练班的总队长为了对长官表示敬意，就派了军乐队和一个仪队到车站去迎接。当车子快进站时，胡先生得知这个安排，赶快从先头的车厢下车，换乘汽车离去。等到车子进站军乐大作，那位总队长上车去迎接时，从头一节车厢到末一节都找不到他，才知道他已离去，经过这次以后，他的部下再也不敢用仪队去接他了。

胡先生自己的嗜好是骑马、爬山，性子再烈的马，他都能够驯服，每天早上不是出去骑马就是爬山。在他当师长时，有一匹马性很烈，跑得很快，别人去骑都骑不住，每次不等你跨上鞍就会把你摔下来，但是对于胡先生却很驯服，只要他一跨上去，就会服服帖帖地载着他飞驰而去。人家叫那匹马为"火车头"，胡先生很喜欢它，有一个时期天天清晨总要骑着"火车头"在郊外跑几圈。由于他的骑术特精，偶尔也难免大意，在抗战胜利以后，有一天正在马上狂奔时，不自觉地将手中缰绳一紧，那马正在狂奔中以为主人要停，来一个急煞车，他因为正在想国事，精神不贯注，一下子就给摔下来。这一来，内脏受了重伤，竟有二十四小时昏迷不醒，后来伤好之后就很少骑马了。

至于爬山也是常事，凡他的部队驻扎之地的名山寺庙，他没有不到过的，西安的华山不必说了，每年总要爬几次的。其他的名山大川他也到过不少，他做军长时，有一次和副军长范汉杰及一位参谋去游湖南的衡山，三个人都穿了蓝布长衫，乘轿上山，到了半山相约下轿爬山，到了晚上就寄宿在山上的一个寺庙里，对庙里的方丈自称是教书的先生。那方丈得知他们是半途弃轿步行上山的，攀登了那么长一段路竟毫无倦容，似乎不太相信他们是文弱书生，但身穿长衫而且谈吐儒雅，谈诗论道样样都能，却又不得不相信他们是书生，湖南的和尚都很有文才，那晚谈得非常愉快。这种爬山的兴趣他一直不减，后来在台湾每天早上也出去爬山，平常是天一亮就坐汽车出去，有时去爬圆山附近的山，有时去木栅爬指南宫，也有时到中和去爬圆通寺，台北市近郊所有的山都给他爬遍了。

胡先生一生戎武，很少享受家庭生活的乐趣，在大陆时期不必说了，就打从他于一九五〇年三月底离开大陆至一九六二年二月十四日逝世时止，将近十二年，一部分时间在大陈，一部分时间在澎湖，一部分时间在"国防大学"及"国防研究院"受训，其间还去了美国一趟，真正与家人子女相聚的日子不到四年。

但是他很爱孩子，每次回家总要带很多零食给孩子们吃，我怕甜的东西吃太多，会把孩子的牙齿吃坏，很想叫他少买一点。可是看他回家后孩子们围绕着他，等着他把一包一包的食物解开给他们看时的乐趣，到了嘴边的话又忍回去了。结果我们家的许多瓶瓶罐罐，都装满了萨其马、巧果、炒米花、芝麻糖、花生糖……各色各样的甜食，每次总要等有一个孩子生日的时候，请些小朋友回家来才把存货出清。他以看着孩子吃东西为乐，而自己却从来不尝一口，正与他经常以帮助他人为乐，从来没有为自己打算一下的性格一致。

有一次他还闹了个笑话，那是一九五四年正月，他从大陈回来后正在"国防大学"研究，我因为母亲病重，到乡下侍候母亲，就把孩子交给他管。那时候孩子还小，最小的还未出世，老三才一岁有保姆带着，要他照顾的是两个男孩。他这位大将军，管几十万大军很有办法，管两个小男孩却颇费心思。因为孩子太小，他没法教他们大道理，唯一的法宝就是买东西给他们吃，哄他们玩，可是天天回家都买那些同样的东西，孩子们都吃厌了。有一天正好是农历正月十五，他路过罗斯福路，看见很多人在一家糕饼店买元宵，他想这东西孩子们没有吃过，一定喜欢，就买了一大盒，回到家里，打开盒子，告诉孩子们这东西很好吃，叫他们赶快吃。两个男孩从来都没有见过这种东西，爸爸叫他们吃，他们就吃，但是外面那些米粉吃起来沙沙的，实在不好吃,他们就把里面的豆沙芝麻馅儿吃掉了。当第二天我抽空回家看他们时,只见客厅里一盒元宵,大部分是一半一半,问广儿那是怎么一回事,广儿说,爸爸给他们吃的,可是外面的粉难吃死了,他跟弟弟都只拣里面的东西吃,其余的都剩下了。我得知他们竟把生元宵拿去吃了后,真是又好笑又着急,怕把孩子肚子吃坏了,但结果倒什么都没发生。

胡先生当年离开孝丰时,他的幼妹月琴还很小,他平时很少回家,所以在他心目中,妹妹永远是小孩子。从大陆撤退后,他的继母和弟妹的家也都搬到台湾来了,其时小妹已经结婚,并且已有两个孩子了。有一次他去赴一个朋友的寿宴,碰见妹妹也在那里,问她是不是一个人去的,他妹妹回答是的,他就很着急地对她说:"你怎么可以一个人出来呢?女孩子不可以一个人乱跑的呀!"吃完饭坚持要亲自送她回家。妹妹没有办法,只好让他给送回家了。事后她告诉我这件事,觉得大哥很奇怪,当她小的时候不管她,现在她已经大了,并且已经是做妈妈的人了,他忽然管起她来。我想这可能是那天她先生没有和她同去,做大哥的认为她不应该一个人出去应酬,因为对于这些地方,胡先生的脑筋很守旧,他一向认为一个已结婚而且有了孩子的妇女,是越少出去越好,妇女的责任应该是家庭和子女,那天只是给她一个示范而已。

另一方面，他又非常尊敬长辈，虽然过农历年我们很少拜年，但是几位朋友的老太太、老太爷那里，我们是每年一定去拜年的。我母亲在世时每年年初一我们也一定去乡下给妈妈拜年，母亲去世后，像汤老太太、罗老太太那里，还有几位老师那里我们每年必去。一九六二年的农历正月初一，他身体已经很不好，早上起来我说："我们今年就不去拜年了吧，过几天等你好一点再去看那几位老人家好了。"他立刻回答说："这怎么可以，年初一不去，迟了就不够恭敬了。"结果他还是支撑着和我一同前去向几位老人家拜年。几位长辈事后知道他当时的健康情形，都为他这种敬老的行动而感动。

他到台湾后的一个大的转变是他的宗教思想。自从他最后由西昌回到海口时接到两本《圣经》后，他就很用功地研读《圣经》。他的第一位《圣经》老师是原籍美国的戴籍三夫人，每星期二、五两次给他讲解英文《圣经》，他不但上课时很用心听，很认真地研讨，课后也很用功，几乎把每段主要的经节都背得很熟。当第二次老师去时，不等她问起他就会先对她背上一段，戴师母对这位虔诚的学生很是满意。后来在澎湖他也继续查经，有时还邀请一位在当地传道的白小姐（美籍），谈经论道。他最后的《圣经》老师是陈竹君教授。在一九六一年的暑假，有一天他忽然问我是不是可以请我的好友陈竹君女士来研究《圣经》，我说："如果你有此意，我相信她一定会来的。"竹君姊是我金大的同事，她一向对我很好，更关心胡先生的灵性生活，现在他既然自动提议要研究道理，她当然答应了。从那时起直到年底他咳嗽得很厉害，实在无法支持之时止，将近半年的时间，他都在研读《圣经》，通常竹君姊来时，先由她提出《圣经》章节给他详细讲解，她回去后，他就把她所给的章节圈起来再细细地研究、思考。《圣经》上有一节说："人若赚得全世界，赔上自己的生命，有什么益处呢?"这句话给了他很大的启示，他去世后我翻阅他的《圣经》，发现他在那一节上，用红笔密密地圈了双圈，我确信，他灵魂是得救了的。

胡先生逝世已经十年了，他这一生真正是清清白白地来，干干净净地去，堂堂正正地生，平平安安地死，正像他逝世后蒋公给他的评语说："他的死已附于正气之列了!"

一九七二年

梅林花开 ╱

元旦那天，天气是那么晴朗，阳光洒在身上暖暖的，软软的，很是舒服。一清早我们就向阳明山出发，当车子弯进南兄墓园时，我竟给眼前那一片璀璨惊呆了，满山梅花怎一下子都开了呢？来不及等车子停稳，大家就纷纷跳下车来，孩子们快乐得又叫又跳地向斜坡的梅林跑去，先到树下的就大声赞赏着说："太美了，太美了!"我也匆匆跟着他们跑，没照往常的途径从正面拾级而登。到了林边，放眼看去，一百多株梅花简直开得像香雪海一般，大部分是白梅，小部分是红梅，还有几株桃树夹在中间，桃花也含苞待放，桃红色的瓣尖已从嫩绿的小叶间伸出头来。有几株梅树往年只长叶子不开花的，今年也开得满枝晶莹，真像粉妆玉琢的一般。那边小径旁的两株红梅更是开得娇媚，开得鲜艳，红梅的香味特别浓郁，满树花蕊散发出来的芬芳引人欲醉，这景色真看得人眼花缭乱心头狂喜。我穿进梅林，从这株穿过那株树，身子擦过树干时花瓣纷纷飘落，我有意让它落在我的肩头，落在我的发际，落满了我一身。我走走又停下来看看，欣赏半天又再前进，这样在林间穿行了好一会儿才攀上斜坡，和孩子们一同向南兄墓前鞠躬致敬。

我们本来是来拜年的，平常行完礼后稍作逗留即行下山，这一天我实在舍不得离开，觉得假如就这么匆匆而来，匆匆而去，实在太辜负了这一片梅林了，于是就索性坐下来凭栏欣赏。从山上看下去，枝头花朵更浓密，有些地方因为树与树的间隔太近，花枝几乎重叠在一起，成为密密的花浪了，像这么茂盛的梅花，来台后我还是第一次看到，记得一九四八年冬明孝陵的梅花开得正盛，可惜因为时间关系南京人已很少有心情前往赏梅。在一个偶然的机会我得以和几个朋友同去梅园，那年南京很冷，阳光下的路面积雪融化后又结成冰，走在上面又硬又滑。我们冒着刺骨寒风走了好长一段路，看到第一株梅花，再走进去愈进愈多，路两旁都开满了纯白如雪的白梅，走到里面，但觉芬芳扑鼻，原来里面大多数是红梅和蜡梅。我们进到里面就完全给那国色天香所吸引，忘了寒冷也忘了时间，在林间徘徊了好久才离去，那也就是我们最后一次在大陆上赏梅了。

我们这片梅林是十二年前开始经营的，当时有一个墓园营建小组，由赵龙文先生负责召集，他们计划着怎样利用周围的环境，种植些松柏和杜鹃，我因南兄爱梅，提议也在墓园种一些梅花，但是台湾梅树很少，就是阳明山公园也不是以梅花而是以樱花著名的。并且还有人说阳明山的土质不适宜种梅，种了也不会活，活了也不会开花，可是我还是抱着姑妄一试的精神，请他们向附近苗圃找找看，找了好几天都没有找到。那时赵先生是"中央警官学校"校长，他的学生在阿里山、梨山那一带做警察所长。他想那些地方气候较冷，也许可以找到几株，就打电话去和他们联络，果然两处都有。尤其是嘉义那边，有一个苗圃新近培植一批梅树苗，于是就从两个地方一共运来两百株树苗，有四五十株，稀疏地种在墓庐后面的山上，其余一百五十株种在墓前两边的斜坡上。最初两年长得很慢，最好的也只长点叶子，大部分都是光秃秃的小枝。我想果然阳明山的土质不宜于种梅花，这些树苗恐怕长不成林了，但三四年后虽然仍未开花，叶子倒都长出来了。又过了一两年，也是新春季节，当我们照例上山拜墓时，看见引向墓庐的那条小径旁边，有一株红梅居然有两个枝头开出了几朵粉红色的小花。这一发现使我喜出望外，前去细细观赏一番后又站在花旁，请人替我拍了一张照片作纪念。后来把照片洗出来一看，真是可笑又复可怜，原来那株小红梅在我这个高大的人影旁，竟显得那么清瘦，而株头上存留的梅花又是那么稀疏！最近几年来可能是冬天比较冷，土质也有改进，那些梅树都长得很快，虽然花开得不茂盛，但每年总是稀稀疏疏地开几枝，只有去年梅花开时正遇着几场豪雨，当我们新春上山时，仅剩得数点残红一地落英。

今年梅花终于盛开了，想到中国人大都爱梅，大陆上很多地方都有著名的赏梅去处，江南、江北好多人家后院都种上一两株寒梅,每到岁暮年初,案头瓶中供上一株梅花,增添无限情致,而名胜古迹如南京的明孝陵卫、西湖孤山、无锡的梅园等都是当年名士流连吟咏的好地方。每年梅开季节,赏梅人士络绎于途,报章杂志也充满咏梅诗章。现在的台湾,由于地处亚热带,气候炎热,冬季很短,除高山上外从不下雪,因此除了少数地势较高所在,很少种植梅花,赏梅自然不易。我们这个梅林,如果能够开放一定会吸引来很多爱梅人士,可惜因为环境关系,外人无法进入,任令这满林名花今天悄悄地开,明天又悄悄地谢。这样的花而无人欣赏,实在辜负花神的一番好意,想过去只怨花不开,现在却又怜它无人欣赏了。我默祝上苍,希望有一天园内主人会像往常一般,策杖散步,顺道路过。我相信如果他一旦发现这满林梅花,定然会欣然色喜,如睹故人。果真如此,那么当初植梅的心愿也不会是白费的了。

一九七四年
原载《梅林花开》,
华欣文化事业中心出版

附　录

要做大丈夫

——先父胡宗南将军逝世三十周年纪念

/ 胡为真　恭撰于台北 //

将近半个世纪前的抗战期间,先父宗南将军以战区司令长官之身份坐镇西安。政府给他的任务是外抗日本,内安甘肃、宁夏、新疆;招收人才,教育干部,再将整编好的部队,支持全国各战场。那时,陕西一位大儒特以对联一副相赠,曰:"大将威如山镇重,先生道与日光明。"父亲看后说:"大将何足道哉! 道与日光明才是重要的。"

我自幼见到父亲的机会并不多。我出生较晚,在台湾成长;印象最深的,总是他回到家中时所自然流露的威严。

有一晚,父亲把我叫住,问我将来要做什么。十岁的我,不假思索,说道:"我要像您一样,做个军人。"没想到父亲并没有显出同意的表情,却以和蔼而坚定的口吻说:"你要做大丈夫。""什么是大丈夫?"我问。父亲说:"真正对人们有贡献的人就是大丈夫,譬如大科学家、大工程师、大医生。"

与士兵同甘苦

父亲生活上的简朴廉洁是出名的。数十年军旅生活,住宿常在寺庙、祠堂里,不劳民力,不借民房,即使任司令长官时也是如此。连蒋公的侍卫人员赴西安,看到他的生活行止都深表诧异。

我幼年时家中没有冰箱,而台湾暑间酷热,年年也就这样过了。后来罗列将军送来一台旧冰箱,父亲颇不以为然,迭经部属苦劝,才没有退回。

记得我十三岁时,有一天汗衫破了被他看到,父亲不但未责备,反而哈哈大笑,作一首打油诗给我:"行年一十三,常穿破布衫;缝补又缝补,难看真难看!"回想起来,他对这事的反应就是对我价值观的教育。

父母在一九三七年即已订婚,只因抗战爆发,父亲以匈奴未灭,何以家为,请求母亲将婚事延后;母亲亦深明大义,乃先赴美留学,直到取得博士学位返国任教数年后,方始成婚。

这期间经过十年漫长的等候和考验,在他们终于再相见时,父亲曾作诗送给母亲,其中有几句是"……犹见天涯奇女子,相逢依旧未婚时……我亦思君情不胜,为君居处尚无家。"

父母婚后因战乱不停,仍是聚少离多,直到五十年代末,父亲自澎湖返台北,才得以有较多时间与母亲及四个子女相聚。那几年母亲鼓励他研习英文以及览读《圣经》;我记得每当台湾神学院的陈教授来查经时,父亲一定认真发问,并且择节背诵。

这时我们父子俩相聚时间较多,我对他的畏惧也逐渐变成孺慕之情。父亲曾鼓励我读《东周列国志》《三国演义》等，而且不时问我的读后心得，以及学校各种课业的进展。但正当我感到与父亲间心灵逐渐紧密契合时，一九六二年二月十四日，十四岁的我却骤然失去了这位生命的榜样，精神上的支柱与朋友般的挚谊。

在其后的年岁里，我饱尝丧父之痛。我曾多次默默地肃立在父亲遗像前深思，向他立志、向他保证……而我也似乎常看到他眼中露出肯定的微笑。

令人常怀念

经国先生当年与父亲交往甚多也甚深，后来在我外出求学前向他辞行，敬请训诲时，他曾感慨地说："你父亲是我最好的朋友！"

何应钦先生在九十多岁"访问"南非时，一再向当时正在南非服务的我认真地强调："你父亲是我最喜欢的学生。"黄埔一期的几位老伯，最近还对我吐露，父亲是他们心目中最尊敬的同学。

另外一位曾任父亲长官的蒋鼎文伯父，在二十多年前某个春节来家里向先母贺节时，巧遇我带了当时还是女朋友的内子第一次回家介绍给先母。蒋老先生看到我的女友，深深注目，连连点头，然后直趋客厅父亲遗像前，几乎声泪俱下地大声说道："宗南！宗南！你可以放心了，胡家有后了！"害得女友满脸通红。

警界一位首长说，当年他在派出所任警员时检查户口，有一次到曾任父亲参谋长的盛文将军府中；一提到父亲，盛将军百感交集，竟然一面哭，一面喊着："胡先生！胡先生！"这位首长说，从来没有看到长官对部属感召有如此强烈者。

不但如此，父亲的故旧学生，每年到了父亲忌日必定聚会，风雨无阻地登阳明山竹子湖墓园行礼纪念。一个人去世了三五年，他的故旧去纪念固属常情；但到了去世已三十个年头，每年还能有数百人聚集致意，实在是稀少而可感的事。

日军最难缠的敌人

我常常想，虽然父亲爱护朋友，奖掖人才，尤其喜欢培植青年，且在日记中也立志"要尽一切力量，为部属、同学、学生谋出路"，然而并不是人人都能获得升迁，都可如愿以偿，也并非人人都能发达，能遂其心意。但为什么有这么多人，经历了这么长久的时间之后，还这样深切感念着他？又是什么因素，什么力量促使他们这样长久地维系在一起？

这可能不是一两句话说得完的。但起码我因为看到及听到许多有关父亲的感人事迹，所以相信父亲所部必是上下一心的优秀部队。

他们能够在抗战期间以血肉之躯，抵抗日军的战机大炮,死守淞沪长达六周之久。当时排、连、团长大多壮烈牺牲,存者誓死不退,令国际间对我国刮目相看。其后部队北调陕西,日军进犯河洛多次均不得逞,当时日本评论家称父亲的部队"是'皇军'最难缠斗的敌人"。

一九九二年二月
原载《远见》杂志

三分之一
——先父胡宗南先生逝世四十周年感言

/ 胡为真　恭撰于德国柏林 //

十年前，父亲逝世三十周年前夕，台北《远见》杂志邀请撰文纪念，我写了一文，回忆幼时与父亲相处的往事，并略述父亲生平。《远见》杂志的编辑乃将父亲当年勉励我"要做大丈夫"一句话作为标题，登载全文，此文嗣经《王曲文献》收录在《胡宗南上将专集》中。

十年过去了，这十年间我对父亲又有了一些新的认识。印象最深刻的是六七年前的一个暑期。我为了让子女们更了解他们从未有机会见面的祖父，特别带家人去澎湖，在范先生安排下，前往林投公园，瞻仰父亲的雕像，并赴父亲于一九五五年至一九五九年在澎湖时所住的房舍参观。

澎湖已经退休的老士官长刘先生（人称老刘）出来表示热烈欢迎，找出了当年父亲的老补给证，并以极尊敬的语调回忆了父亲在任时的种种作风和行谊。他说："你父亲生活十分简单，甚至可以说是清苦，可是每个月关饷时，却都要我把他的薪饷分成三份，各三分之一。一份留在长官部，以供这里许多的开销；一份寄回台北给你母亲供家用；另一份送给长官部两位部属，某先生及某先生，因为他两位都有八九个小孩,食指浩繁,而军人收入微薄……"我听后颇为吃惊,半信半疑。返回台北后,在老刘的协助下,找到了人在南部,早已退休的当事人某老先生,老先生一听说我是胡某某的儿子,当场就在电话那头哭了,我才知道确有此事,这也使我再进一步认识了我的父亲。

我不禁回想到,怪不得当年我们家好像永远用度不够,母亲叶霞翟教授经常要为家中的开门七件事发愁。我们四个兄弟姊妹那时都还幼小,父亲不希望母亲出外兼职,但为供给子女足够的营养及家庭开销,母亲乃开始写散文以赚稿费来贴补家用。记得她第一次投稿"中央副刊"时,竟被退稿。母亲是抗战时期留美博士,曾任金陵大学教授,又是上将夫人,哪堪这种挫折,收到退稿时当场就流下泪来。但为了家庭,又不得不再接再厉,等到她投第三次稿后,终于被刊登出来。稿费寄到时,母亲欢欣的笑容,以及我们做子女的立即享受到的加菜,如同就在眼前。母亲从此也逐渐成为知名的作家。

啊,一直要等到三十几年后的今日,我才知道父亲为了照顾他的部属及办公室的开支,竟然只寄出三分之一的薪俸给母亲持家,其结果是牺牲了他自己的妻子及儿女的生活,使我们在清苦中成长,但也因此让我们虽然具有崇高的社会地位,却是过着一般人的生活。原来这就是我的父亲:他爱他的朋友、同仁、学生,超过了爱他自己和他的家人。当然,这也就是为什么他逝世已经四十年了,他的朋友、同仁、学生还这样深深地爱着他。大家仍然坚持每年一定要纪念他、回忆他,为他笑、为他哭。

前年我应邀赴美国哈佛大学担任访问学者期间,曾任美国联邦参议员的老友寇兹特地从华盛顿飞到波士顿来探望,并介绍曾为美军将领的企业家易君等人与我餐叙。席间大家谈及"无私"美德的重要,我当即讲述了父亲这一段往事,他们至为感动。当易君再度与我会晤时,第一句话即说:"三分之一! 我永远不会忘记你父亲的'三分之一'!"

我的父亲虽然仅仅六十多岁就离开了他热爱的亲友,却好像永远活在人们心中。父亲的事例鲜明地显示出,人世间最伟大的力量便是爱,也唯有爱的力量最为持久,爱是永不止息。

二〇〇二年二月
原载《王曲通讯》第三十七期

醉美三峡
——思念母亲
/ 胡为美 //

　　船过西陵峡,江水茫茫,山雾冉冉,船笛划空,苍山无语。我舒适地靠坐在船舱单间的小床上,隔窗眺景,被眼前船过水无痕的静美江景吸引住了,目不转睛地深深吸气,感叹造物主的神奇无穷尽。我尽量屏住声息,怕搅乱了这一片寂静中的至美灵秀。下午时分,没有喝酒,我竟然感觉到自己醉了,醉沉在这三峡的凄美怀抱里。

　　从小就对美的事物特别敏感而且向往,随着时光推移,也逐渐建立起自己对美的主观认知与客观界定差异不大的自信。从穿衣打扮到人际交往,从品味,品人,到品个性,品自然,不知不觉中,自己对美的品味与客观对美的界定合二为一,差别只在感受深广的力度上。三峡的美,我感受到了,而且是深深地震撼着我。何至于此啊:我是如何地不能不感谢我的母亲啊!

　　母亲是我所知道最懂得营造自己心灵的女子,她有信仰,是虔诚的基督教徒。她常读书,书房里四壁都是书。她喜爱写作,常利用办公前后的余暇,伏案笔耕,一篇篇清丽的散文变成铅字印刷在报章杂志上,最先感动到的经常是我,她的忠实小读者。透过母亲的文字,我了解到在她庄严自持的风度里,隐藏着一颗柔和谦卑,对美极度敏感的心灵。还记得当母亲在台北师专校长任内(现台北教育大学),我们住在师专宿舍里,她有一篇散文《仲夏的早晨》是这样描述着:

> 院子里竟是那么凉爽,空气中散着淡淡的花香……还有草坪那边的两株石榴……不久前我还采了几株火样红的榴花,插在床头柜上那个竹花篮里的……太美了,实在太美了,我的心真像树上那些小麻雀似的在跳跃着,多美丽的小院,多美丽的早晨。
>
> 这时我又发现院右的那片草坪也绿得格外可爱,真像是绿色天鹅绒的毯子。心里忽然有一种激动想赤足上去走走。就脱掉鞋子踩了上去。当一脚踏进去时一股凉意,从脚底直透全身。原来草地是湿的。这才想到,清晨的草地是充满露水的,那清凉柔软的感觉,使得我身心轻快,就不自觉地绕着草坪中间那株百年大树漫步起来了。

如果时光可以倒流的话,这时的我,大约只有十六岁呢!

台北师专是日据时代仅有的两所高等学府,日本人很尊重老师,所以校长宿舍都是独栋有庭院的房子。我记得我们是一九六八年搬进去住的,一直住到我赴美读研究所之后，母亲退休为止。而母亲发表此文的时候我正是十六岁读高中的年纪呢。

这是母亲五十五岁时发表的文章。她那时的心境，对于现在的我，面对江水悠悠，醉美三峡的感受，是多么相似，多么贴近啊！

大江东去浪淘尽，长江后浪推前浪，青山依旧在，几度夕阳红。谁说前不见古人，后不见来者，苏轼与琼瑶，母亲与我，不同的时代，面对稍纵即逝、千变万化的美，我们却都有着刻骨铭心的体会啊！

母亲十六岁时，离开家乡浙江松阳到杭州读书。她爱看小说的习惯，就是那时候培养成型的。从她为追念父亲而写，在一九六五年出版的传记小说《天地悠悠》里，开宗明义第一章，她就借着回答同学小江大哥的友人，时任杭州《国民日报》胡总编辑的问话中，和盘托出了当时十六岁的她，不但反复阅读许多俄国小说如《罪与罚》《安娜·卡列尼娜》，等等，而且每个星期都要再看两三部小说，最后更经常在周末从笕桥进城，去胡总编辑家挑书借书，间接交代了她文艺青年的个性与成长轨迹。

母亲对基督信仰的认识与追求，我相信是从她留美读书时开始，她是三十九岁受洗，成为基督教徒。我们从小就在她的带领下，去教会做礼拜，背《圣经》金句，参加圣诞聚会。接受牧师教诲，日子过得规律而单纯，可以说是以母亲的信仰为中心，平日时间的言谈举止，人际交往，尽量合乎《圣经》的教导与训示。说也奇怪，幼小的我们，对《圣经》的道理，虽然都是似懂非懂，但是都喜欢教堂里庄严肃穆的气氛与唱诗班优美的琴韵歌声。呼吸在主日崇拜里诗班献诗，牧师证道的虔敬空气中，仰望十字架上耶稣的身影，刹那之间四周没有杂音，连一丝丝都没有。我们感受到圣灵的伟大与团契。幼小的心灵被洗涤一新，安静柔软。

母亲最常唱的圣诗中，我印象最深，至今仍能哼出旋律并且记住大部分歌词的是《恩友歌》。歌词大致如下：

> 耶稣是我亲爱朋友，负我罪孽担我忧……亲或离我友或弃我，多少痛苦冤枉受。都是因为未将万事，来到耶稣座前求。

母亲那一代的人，饱受战乱流离的苦难，《恩友歌》里的歌词，最能够安慰他们的心。神奇的是，生长在承平时代里的我竟然从小也爱哼唱这首圣诗。

能够打动人心的圣诗很多，《主是我永远的福分》《一件礼物》《安稳隐藏》都是在我不同年纪的成长岁月里感动到我的诗歌。而我深信，母亲在天之灵，也会与我一同欣赏这几首诗歌的。

这几首诗歌的歌词如下：

有一件礼物，你收到没有？眼睛看不到，你心会知道。这一件礼物，心门外等候，是为了你准备，别人不能收。亲爱的朋友，你是否了解，马槽的婴孩，是为你而来，亲爱的朋友，你是否了解，最好的礼物，是人子主耶稣。生命有限，时光也会走，如果你不珍惜，机会难留。礼物虽然好，如果你不要，你怎么能够得到？你怎么得到？

主是我永远的福分，胜过朋友与生命。在人生孤单旅程中，恳求主与我同行。靠近主，靠近主……安稳隐藏，在他大能翅膀下。狂风暴雨攻逼，我也不怕。魔鬼虽用计，要夺去我灵魂，但我藏在主里，它无隙可进。

啊！母亲，母亲，面对着如此秀美的湖光山色，此时此刻，我怎能不思念你？我怎能不感谢你？因为你，才有我，因为你以身作则，从小教导我，才有今天的我，与文友们同游三峡，对酒当歌。笑傲江湖。醉美三峡，母亲，我感谢你。